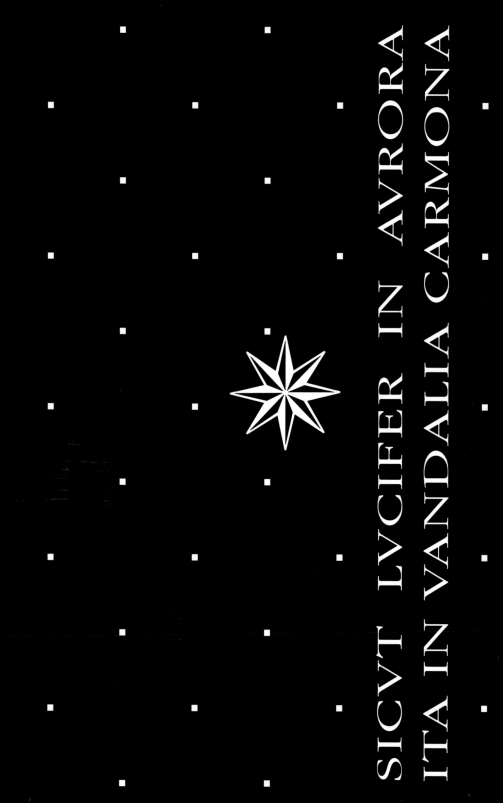

ESTA EDICION HA SIDO PATROCINADA EN PARTE POR:

- EL EXCMO. AYUNTAMIENTO DE CARMONA.
- EL PARADOR NACIONAL "ALCAZAR DEL REY DON PEDRO", DE CARMONA.
- EL MESON "MOLINO DE LA ROMERA", DE CARMONA.
- EL HOTEL "ALCAZAR DE LA REINA", DE CARMONA.
- IMPRENTA J. RODRIGUEZ, S. L., DE CARMONA.

CARMONA

A Juan Rodríguez Osuna
in memoriam.

CARMONA
CIUDAD Y MONUMENTOS

S & C, ediciones

CARMONA, 1993

Diseño:

Juan Fernández Lacomba

Fotografías:

La mayoría de las ilustraciones de este libro han sido realizadas por Gerardo Rodríguez Blanco, ("ESTUDIO GERARDO", c/. Domínguez de la Haza, 7, Carmona).

Se incluyen además, fotografías de:

Excmo. Ayuntamiento de Carmona, Archivo fotográfico de Juan Rodríguez Osuna, Fernando Fernández Goncer, Equipo municipal de arqueólogos, María Soledad Gil de los Reyes, Denis Ruggieri, Fernando Villa, José M. Carmona Domínguez.

Algunas de las postales de Carmona, de *Dubois*, han sido cedidas por Antonio García Rodríguez. La fotografía del conjunto de la Puerta de Sevilla con el arco de Felipe II (pág. 113), ha sido reproducida del original que se encuentra en la *Colección Bonsor*, del **Archivo General de Andalucía**, por José Maqueda González. La fotografía de la acuarela de P. M. Baldi (pág. 38-39), del *Viaje de Cosme de Médicis por España y Portugal, 1668-1669*, cuyo original se encuentra en la **Biblioteca Medicea Laurenciana** de Florencia (Italia), se realizó expresamente para esta publicación, por Alberto Scardigli, fotógrafo.

Pies de ilustraciones:

José García Rodríguez, José González Isidoro.

© de la edición, 1993: S & C, ediciones, c/. General Chinchilla, 10
41410 - Carmona (Sevilla).
© de los autores.
© de los planos: S & C, ediciones.
ISBN: 84 - 604 - 5895 - 4.
Depósito Legal: SE - 514 - 1993.
Imprime: Imprenta J. RODRIGUEZ, S. L., c/. Montilla, núm. 3
    Teléfono (95) 414 12 06 - 41410 Carmona (Sevilla).
Encuadernación: Alan, S. A., Sevilla.

> Este libro no puede reproducirse ni en su totalidad ni en parte alguna, por procedimientos electrónicos o mecánicos, sin permiso escrito del editor y de los autores, tanto del texto como de las ilustraciones y planos.

INDICE GENERAL

I - XXVI

Introducción:
Carmona: motor de sensaciones

Antonio Calvo Laula
Juan Fernández Lacomba

27

Preámbulo

29-54

I. Evolución urbana

Antonio García Rodríguez

55-231

II. Memoria de los edificios.
San Pedro, 56-98
San Blas, 99-107
San Bartolomé, 109-135
San Salvador, 137-156
San Felipe, 157-166
Santiago, 167-181
Santa María, 183-231

José González Isidoro

233-241

Indice alfabético

INTRODUCCION

Calle Sevilla, hacia 1960

CARMONA: MOTOR DE SENSACIONES

Las ciudades tienen una voluntad de forma. Cada ciudad posee un conjunto de circunstancias históricas, antropológicas y paisajísticas que determinan su psicología y su voluntad. Las mentes, los cuerpos y el paisaje superpuestos forman un todo que se expresa físicamente en la arquitectura, el urbanismo, la imagen personal, el comportamiento, las costumbres... Darle forma sensible a algo es una manera de articular la mente. Todo lo que se traza ha sido pensado antes.

Si comparamos Carmona con Ecija, Osuna, Lora o Marchena, por poner algunos ejemplos, comprobaremos que muy por encima de las semejanzas impuestas por la homogeneidad de su hinterland, predominan unos matices diferenciadores que a veces resultan difícilmente objetivables porque son esquivos: emergen dominantes un momento para eclipsarse al siguiente; acaparan nuestra atención como un aroma o una atmósfera sutil que no se entrega del todo; pertenecen al rango de las sensaciones y aunque nunca constituyen datos concluyentes no por ello dejan de ser razonables verdades.

Es obvio que el modesto jaramago, la salamanquesa que escala los muros blancos en las densas noches de verano o la manera en que algunas mujeres se recogen el pelo formando brillante y grueso moño, no son elementos definitivos en la personalidad de una ciudad pero la convivencia con esos y *otros muchos detalles y sensaciones que de forma ambivalente actúan como incógnitas y resultados de una misma ecuación, conforman una sensibilidad colectiva que tiende a permanecer y transmitirse cristalizada en formas, proporciones, gestos, palabras, ritos y hasta en la misma carne de sus habitantes. Tal vez la descripción de esos detalles y sensaciones, la indagación en sus metáforas, sea una manera de explicar y comprender el ser de Carmona.*

SICVT LVCIFER IN AVRORA ITA IN VANDALIA CARMONA *dice el lema de la ciudad asociado al diseño de una estrella de ocho puntas sobre un campo azul tan baldío como un cielo de verano. Regalo de un rey astrónomo en una edad ajena a la relatividad del mundo y deliberadamente inclinada a reducir las cosas a un sistema de símbolos que hablan de un absoluto imperturbable y eterno, este emblema sideral parece destinado a hacernos creer que Carmona fue, es y será algo así como un meteorito caído aisladamente en medio de una llanura desierta, un diamante que brilla por y para sí mismo sin otras referencias que la cúpula celeste y la vagorosa inmensidad de la Vega. Pero la realidad es que ya desde época romana Carmona ha estado insertada en un itinerario con Sevilla y Córdoba y que, andando el tiempo, los rayos de su estrella han llegado a formar una rosa de los vientos abierta en una encrucijada de rutas con sus correspondientes entradas y salidas que ofrecen otras tantas facetas visuales de la ciudad y su paisaje.*

Para el viajero que viene desde Córdoba subiendo una pronunciada pendiente, Carmona se presenta como una ciudad-atalaya o una blanca cresta de cal remontada en una ola pétrea que se cierne sobre la ausencia del mar; el mar que se fue una remota noche geológica abandonando en su lenta huida su pesado manto de fósiles. Contenida en el mismo borde del precipicio por el alcázar Real y la dorada mole de la puerta de Córdoba, esta ola refluye hacia Poniente, desborda los muros y forma el Arrabal que a partir del s. XVI ya no dejará de crecer.

Cuando a lo lejos contemplamos la ciudad por su lado Norte, las torres que se yerguen como minaretes hacia el profundo azul, los fragmentarios atisbos de muralla, los blancos prismas de las casas y sus áureos tejados sobre los que emerge el rítmico capitel de alguna que otra palmera, componen un perfil de exotismo persa; mientras que arribando desde poniente, el amontonamiento cúbico y la escalonada sucesión de azoteas superponiéndose al muro del Postigo y, sobre todo, el macizo alcázar de la puerta de Sevilla con su arco de herradura, nos traen a la memoria la imagen de algunas medinas y kashbas *africanas, como Meknés cuya cerca defensiva casi intacta es un ejemplo a gran escala del aspecto que debió ofrecer Carmona en siglos pasados, un aspecto que, ya aquejado de romántica decadencia, excitó la admiración y fantasía de los viajeros decimonónicos.*

Es por su lado Sur, viniendo por la carretera que cruza la Vega camino de El Arahal, por donde la ciudad resulta más esquiva. Mimetizada con los quiebros y desniveles del terreno sólo muestra una parte de sí misma, la periferia de su casco histórico como un hermético telón de casas asomadas al Cenicero, la puerta de Sevilla, torres de san Bartolomé y san Felipe y los aledaños del Arrabal con el rojo campanario de san Pedro y la cúpula del sagrario cubierta de tejas de esmalte surgiendo por encima de los árboles de la Alameda. Los farallones del alcor se ven agujereados por numerosas covachas que fueron reducto en el pasado de gente marginal y eremita y hasta no hace mucho sirvieron de viviendas y establos para la población más humilde.

Pero tal vez lo más característico del lado sur sea el dramático espolón del Picacho, punto más alto del terreno, lugar de contemplación y, tradicionalmente, también de suicidio. Sometido a periódicos desmoronamientos está rematado en la actualidad por una copia de la antigua torre de señales ópticas que a manera de prótesis reconstruye la silueta de uno de los parajes más emblemáticos de la ciudad.

En la desnuda plataforma del Picacho se conjugan los tres componentes que caracterizan Carmona: la tierra como presencia, el vacío como esencia y la ruina como medida de tiempo. Tres componentes que hacen vibrar con un magnetismo turbador y fatalista esta proa rocosa enfrentada a la magna visión lumínico-abstracta de la Vega. Desde aquí nos es dado contemplar el espacio con los ojos de un pájaro. A la izquierda el horizonte por el que resucita el sol cada día y, desplegado a nuestros pies, el gran damero de los sembradíos; un enorme tapiz formado por grandes polígonos que siguen el esquema cuadrangular de las reparticiones romanas y cuyas texturas aterciopeladas cambian al ritmo de las estaciones y la luz fluctuante, desde el verde tierno y translúcido cuando el trigo nace como un bozo precoz, hasta la ondulación leonada de las mieses antes de la siega. Amarillo intenso de los girasoles ordenados en filas marciales, oro milenario del híspido rastrojo, matices de la tierra oscura como arcilla calcinada, alberiza, barro parduzco. Tierra peinada por el arado, cuidadosamente, como una venerada cabellera que tiembla enfebrecida con hervores de espejismo cuando el sol la castiga en verano, que refleja pedazos de cielo al encharcarse tras un largo temporal de lluvias y que en las noches de invierno envuelve la ciudad con la niebla que exhala como un aliento reptante.

La Vega es la visión del espacio como vacío, una sensación mullida que todo el mundo identifica, ya de manera tópica, con el mar. El panorama es tan enorme que envuelve la retina, acapara al contemplador y lo incluye como una pequeña individualidad física en el infinito. Infinitud creada por la difusa imprecisión del horizonte disuelto en una luz evanescente que funde el cielo y la tierra sin solución de continuidad. Cuando en los días más diáfanos aparecen los montes de sierra Espartero, sierra de Cádiz y Antequera, parecen fantasmas azulados, lomos de dinosaurios flotando vagorosos en *un resplandor angélico; el perfil del horizonte se convierte en una «escritura» –a veces antropomórfica, a veces abstracta–, que cambia con los días. En el plano, los quiebros de las líneas de padrón, el zigzagueo de los caminos y veredas, los surcos herbosos de los arroyos y gavias, los escasísimos árboles arraigados en medio de kilómetros y kilómetros de soledad, los caseríos habitados y los ruinosos, parecen el producto de un azar precioso e irrepetible y modulan la escala de esa inmensidad.*

De noche, el cielo invade la tierra, la engulle. El parpadeo errante de los coches que recorren los caminos y el alumbrado de los pueblos circundantes como suspendido en el vacío, parecen constelaciones trémulas que prolongan en el suelo la región celeste. Cuando la luna asciende segregando su plasma etéreo el espacio se hace navegable. En las noches sin luna, la oscuridad es aliento, latido, curva infinita de un eco. Si diésemos un salto caeríamos de cabeza en el firmamento.

Lo que en la Vega es infinitud, en el paisaje de las Terrazas avistado desde el raso de santa Ana en el NE. de Carmona, es simple perspectiva. El ocaso nos ofrece su espectáculo que varía desde el rojo épico en invierno a un dorado celestial en primavera. El horizonte indefinido y cambiante en la Vega aparece aquí siempre marcado por la cornisa de la sierra Norte. Las urbanizaciones hacen más evidente la presencia humana y dan al paisaje un aspecto más pintoresco pero también lo hacen menos enigmático. Si el Picacho es tierra que penetra el vacío, en la cantera de la Batida el vacío penetra la tierra como negativo telúrico de la arquitectura urbana a la que ha dado lugar.

Como un acantilado sobre el «mar» de la Vega, la falla del alcor es la tierra descarnada y áspera que alimenta una vegetación escueta. La grama, el matorral, la planta que se arrastra desplegando sus hojas a ras del suelo, predominan sobre cualquier otra configuración vegetal. El tomillo leñoso y atormentado cuyo aroma está presente en la parca cocina local; el hinojo, más jugoso, de perfume anisado, el lentisco y el arrayán en las lindes, las adelfas y tarajales que cobijan los arroyos, el palmito desplegando su penacho de abanicos puntiagudos sobre su tierna raíz comestible. La chumbera gesticulante de innúmeras manos erizadas de lancetas, defensa vegetal que cerca huertas, encallejona las veredas y ofrece en verano su dulce fruto de jade. La pita agresiva y ruda por cuyas pencas carnosas, dentadas como mandíbulas de peces feroces, corre la savia irritante que ha servido para lavar la ropa de luto sin alterar el tinte. Su robusta inflorescencia: el pitaco o pitón, canto de cisne de la planta, confiere al paisaje una singular acritud, pero también ha dado origen a la creencia entre los labradores de que el «año de pitones es año de montones». El cohombrillo o pepinillo del diablo, acerbo y peludo que revienta al más leve roce cuando alcanza su acibarada madurez. El cardo espinoso y barroco con su borla morada al florecer y su aspecto de ruina crujiente, casi de carroña vegetal al secarse. La higuera bravía –como la alcaparra– insidiosa zapadora de muros deshabitados, guardiana y habitante de las aguas solitarias, de los pozos abandonados.

Espinas, agujas, garfios, vellosidades, epidermis leñosas, leches tóxicas, jugos urticantes, verdores acres y ferrosos por la transformación del hierro químico del Alcor, disimulo, tozudez... éstos son los componentes conspicuos de una flora asociada al lagarto, la liebre y la perdiz y habituada a la supervivencia en condiciones extremas, el rostro venenoso del Mediterráneo que nutre a la cicuta bajo el esplendor solar.

Excepto la dehesa de El Judío, las cada vez menos abundantes matas de olivar y las inevitables poblaciones de eucaliptus, el arbolado no pasa de ser una esporádica muestra de ejemplares dispersos: algunos acebuches y encinas raquíticas, unas pocas pinedas diezmadas y pinos lunares en las lindes... islas sitiadas por las ondas de los surcos.

El Alcor es un hojaldre que contínuamente se desmigaja por la acción de la lluvia, los corrimientos y temblores de tierra. Su corte es tan abrupto que hace muy dificultoso el paso entre la Vega y el Valle del Guadalquivir. De los pocos accesos que posee, Carmona en el extremo norte es el más escarpado pero también el más importante para las comunicaciones del Valle. Esta condición ha hecho de Carmona una «ciudad de paso» obligada para cualquiera que tuviese que atravesar la comarca, una ciudad de mesones que al estar ubicados en el Arrabal contribuyeron a su auge y expansión. Las diligencias llegaban a Carmona lentamente, en un penoso ascenso y aquí tenían que detenerse aunque F. Villalón aconsejase lo contrario:

> *Diligencia de Carmona,*
> *la que por la vega pasas*
> *caminito de Sevilla*
> *con siete mulas castañas,*
>
> *cruza pronto los palmares*
> *no hagas alto en las posadas,*
> *mira que tus huellas huellan*
> *siete ladrones de fama.*

Incluso con sus mitificaciones y licencias el poema nos sugiere una ciudad y alrededores asociados, la geografía del bandolerismo y la delincuencia, inseparables de los caminos y también de la idea romántica del viaje.

Como ciudad-fortaleza, Carmona se ha ganado a lo largo de su historia una justa fama de inexpugnable: tradiciones y leyendas mantienen que sólo la traición la hizo rendirse. Aunque de sus muros apenas quedan pedazos de lienzos diseminados aquí y allá, la pronunciada elevación del terreno reforzada por la verticalidad de la pared rocosa, el trazado de las calles cercanas a los escarpes, los baldíos, la costumbre de recoger y conservar las balas de catapulta como rudos trofeos arrinconados en los patios, la dualidad entre la ciudad vieja, arriba y la ciudad nueva en el extramuro y el carácter peculiar y distinto de sus respectivos habitantes; mantienen en pie esos muros de manera fantasmagórica. Cuando la seguridad ya permite liberarse de su abrazo claustrofóbico, el inconsciente comienza a cerrar los huecos. La muralla no sólo se ve, también se presiente.

Puerta de Córdoba, alcázar Real, puerta de Sevilla, Torre del Oro, Postigo, Bodeguilla, Higueral, Albollón, Barranquillo. Vestigios de la muralla, tapiales cruzados de grietas y testigos de encofrado en los que arraiga –vibración cromática más que flor– el amarillo jaramago. Lienzos que acogen en sus mechinales bandas de palomas grises, quíquilis giratorios, mochuelos insomnes que miden con un grito agudo el silencio espeso de las largas horas de la noche. Muros deshaciéndose lenta, imperceptiblemente bajo la lluvia, limados por el viento, excavados tenazmente por uñas, picos y raíces. Muros ligados indisolublemente a la evocación de Carmona, de los viejos barrios en los que sus ruinas, asociadas al griterío y los juegos infantiles, son una imagen cotidiana aflorando como dientes rotos o perdiéndose entre el caserío medianero. Cercando patios y corrales se revisten de hiedra y jazmines, encierran el luminoso limonero y la granada rubicunda, cabras y gallinas. Sentidos de manera atávica como límite de la ciudad y sus leyes han constituido el feudo de los «gallitos» del barrio, el escenario de los ritos iniciáticos de la niñez y la adolescencia, travesuras sanguinarias, ingenuas canalladas, cacerías «diletantes» de inofensivas alimañas. Y también de manera atávica, han fomentado el muladar.

Dentro de la muralla existen dos vertientes que partiendo de la plaza de Arriba desaguan en las puertas de Sevilla y Córdoba respectivamente. El caserío adopta la forma de un laberinto urdido a lo largo de generaciones cuyas vueltas y revueltas se adaptan, con una capilaridad casi orgánica, a los desniveles y cotas del terreno. Este imbricado dédalo impone un deambular sinuoso que hace perder la orientación y convierte la monotonía de la cal en un universo familiar, un «clima blanco» donde aparecen los matices y sutilezas de las formas y contenidos arquitectónicos, pequeños detalles expresivos que se revelan con especial intensidad: la puerta entreabierta de un silencioso y limpio zaguán, los detalles cerámicos de los alisares de una ventana, el alfiz de un portalón, las proporciones de un herraje, las aldabas zoomórficas, tiradores de metal, picaportes en forma de mano que sostiene un pomo, el color del techo de un sobrado que se vislumbra desde la calle, los antiguos números y rótulos de nomenclátor cuyos caracteres destacan con exquisita sencillez en un hermoso tinte negro ciruela sobre esmalte blanco estannífero de veladuras violáceas. Guarismos en los que se aprecia su parentesco todavía cercano con la caligrafía árabe de la cual proceden.

La impronta de un muro desaparecido, el vestigio de una medianería, la puerta convertida en ventana y la ventana en puerta, la ventana reducida para ocultar una división interior, la jamba de una puerta cegada, las

proporciones de un hueco que delatan su pertenencia a un edificio más grande, los chaflanes de paredes y esquinas para facilitar el paso de los carros por las angosturas, las argollas blanqueadas para amarrar las caballerías, son rasgos de una belleza escueta en su simple geometría de funciones superpuestas que componen un palimpsesto en el que leemos la historia anónima de la casa y sus habitantes. Transformaciones, reformas, ampliaciones, ventas, demoliciones, herencias, cambios, donaciones, ensanches, clausuras, matrimonios, pleitos; huellas de la movilidad social y la cal, siempre la cal, integrando bajo su piel lunática todos estos signos dispares pero sincronizados; la cal superponiéndose en estratos y estratos de pureza mudéjar, renovando continuamente lo viejo y gastado.

Todo se hace cercano, como si estuviésemos en un pasillo interior común. El itinerario desde el ámbito privado hasta las zonas públicas se conoce de memoria. Cada ciudadano sabe elegir casi inconscientemente el camino más corto y así la experiencia vital del trazado acaba dominando sobre el conocimiento lógico del plano. El urbanismo y su diseño forman parte del inconsciente. Aparece antropomorfizado, cualquier itinerario se considera como un miembro que se conoce y se pone en funcionamiento automáticamente.

*Un aspecto hermético de «ciudad convento» caracteriza la «*urbs*» carmonense. Las viviendas y edificios en general, independientemente de su función, presentan paredes descarnadas con tendencia al peralte y pocos vanos. Casas, palacios, iglesias, cuadras, silos, ofrecen al exterior un aspecto unificado, sus diferencias son escuetas y están codificadas desde las reparticiones por barrios o collaciones. Lo islámico y medieval se superpone a la herencia romana y más que superponerse diríase que se inserta. Las mismas casas romanas son frecuentemente reutilizadas por las medievales y modernas, formando parte de sus muros de manera que, arqueológicamente, es difícil encontrar una superposición medieval a los cimientos romanos puesto que en la mayoría de los edificios se aprovecharon los mismos muros sin llegar a demolerlos o reducirlos a los cimientos que se apoyan directamente sobre la roca madre del alcor.*

Carmona transforma el estoicismo romano y agrícola en un hermetismo místico de raíz islámica. Las mezquitas se sustituyen con solución de continuidad por iglesias cristianas y son los alarifes mudéjares los encargados de construirlas. Lo mudéjar es la síntesis y el estilo de la personalidad de Carmona; un mudéjar más almohade y tulúnida que nazarita, más denso que decorativista, más tectónico que polícromo, articulado y solemne.

Por haber sido ciudad de realengo, Carmona no posee un espacio único que centralice y exprese el poder señorial sino una serie de zonas públicas abiertas en las que se desarrollaban las funciones de intercambio. El resto es el espacio privado con manifestaciones externas de status *social más o menos marcadas en puertas y fachadas señoriales, picaderos, plazuelas y ensanches previos a la entrada pero siempre tendente a desarrollarse en el interior.*

En la misma ciudad queda expresado el sistema de jerarquización: los palacios se hacen presentes en torno a las iglesias que presiden las collaciones como si se tratase de una inserción piramidal que rige la vida carmonense, los espacios religiosos actúan como nudos en la trama urbana.

Los conventos, poseedores de territorio y prebendas desde el Repartimiento, son los espacios más herméticos y obedecen a una tipología histórica reconocible y singular. Al lado de estas «islas» de veneración del silencio y el vacío, el resto de la trama urbana propicia el ajetreo de las funciones de producción e intercambio. Estos lugares dedicados al espíritu, se diferencian claramente, en su misma expresión física y arquitectónica, de lo material.

Al obtener sus provisiones de la tierra por medio de «apéndices» de servicio repartidos por toda la ciudad, el convento se convierte en un proyecto cerrado y ciego al exterior, donde se almacena el tiempo y el silencio, donde lo viviente no existe pero queda supuesto o entrevisto en los ecos y presencias que deambulan por una arquitectura metafísica que cobija la memoria colectiva del vacío religioso y recoge la huella de una liturgia y unos rituales misteriosos y anónimos.

El tradicional respeto urbano por el espacio de culto y contemplación de Dios es un hecho que ha perdurado incluso después de la Desamortización. Es frecuente ver que algunas plazas ocupan el solar dejado por iglesias o conventos desamortizados (como san José y El Carmen) resultando difícil que ese espacio tradicionalmente religioso sea ocupado por lo funcional humano, en todo caso aparece como vacío retórico y mantiene algunas huellas del antiguo uso.

Afectadas como toda la arquitectura de la ciudad por la austera personalidad mudéjar, las torres de las iglesias reducen su exorno casi por completo a un simple remate de azulejería y sus formas en algunos casos son similares a las torres de almazara. La profusa decoratividad barroca adquiere una cierta severidad, ligada a veces a la tradicional lacería mudéjar. El campanario de san Pedro es por su ornamentación más abundante un caso excepcional en una ciudad de torres escuetas como alminares de ascensionalidad balbuciente, primigenia; verticales de tierra sobre raíces de zigurat.

Nada más característico de la arquitectura de Carmona que su estricta reducción a lo esencial, a la forma depurada por la función. Una ventana es pura y simplemente una ventana y sólo existen las necesarias. Muchas fachadas no poseen más que un pequeño ventanillo sobre la puerta, lindante con el alero del tejado como si toda la casa fuese un granero y la ciudad un gran silo fortificado. El exterior de la casa queda definido por el hueco amplio y único de la puerta cuyo rectángulo equivale casi a dos cuadrados. Pero este hueco, a pesar de su amplitud, está muy lejos de franquear abiertamente la

entrada: entre la calle y la vida privada se interpone la severa penumbra del zaguán pulido como el umbral de un templo, y el portón interior ligeramente desviado del eje de la entrada, con una pátina cérea de incontables capas de aceite, oscuro y hermético imponiéndonos al llamar una actitud grave.

Estos portones están compuestos de una serie de batientes concéntricos, siendo el más grande una especie de pas-partout *que sólo se abre para facilitar el paso de un animal de carga o de algún objeto grande. El segundo batiente es para las personas y el tercero, muy pequeño y protegido por una diminuta reja en cruz, actúa de mirilla. Ocasionalmente, un orificio circular practicado en el ángulo inferior del primer batiente sirve como gatera.*

El hecho de que para pasar a la casa haya que saltar el pas-partout *exige al visitante una atención ritual en la que parece perdurar de manera soterrada la reminiscencia de una superstición atávica: si hay que pensar el movimiento es casi imposible entrar con el pie izquierdo.*

Al contrario que en las casas burguesas donde el patio está separado de la entrada por un corredor o galería, en las casas populares el patio aparece inmediatamente después del zaguán como un hueco máclico tallado en cal, una pequeña plazuela interior, un «algibe» del que se extrae el aire y la luz. El pavimento es de ladrillos, colocados en forma de soga o espiga, o de cantos rodados o de una combinación de ambos siguiendo un esquema parecido al de la espina central inscrita en el pavimento de algunas calles para facilitar el agarre de los animales de herradura. Alrededor del patio, las habitaciones y dependencias parecen estancias autónomas. En ellas y sólo en ellas se desarrolla la verdadera vida privada.

Pero ni siquiera los patios, tan proclives en Andalucía a convertirse en lujuriantes gineceos, se dejan dominar en Carmona por la abundancia; igual que la arquitectura están sometidos a la austeridad y el despojamiento. Algunos arriates y macetas dispersas sostienen unas pocas plantas sencillas, nunca excesivamente frondosas, con escasas notas de color. El jazminero, algunos geranios, quizás un rosal, trompetas azules, calas... lo demás son plantas sin flores como las aspidistras, esparragueras, cintas y «sombras». En el corral domina el limonero.

En este desprecio por lo ornamental no se hace evidente otro lujo que el de la limpieza; un sentido meticuloso y obsesivo de la limpieza como conducta adquirida que detenta la mujer y forma parte de su sistema ético. La limpieza externa se convierte en síntesis de todas las virtudes sociales. Cuando de una mujer se dice que es muy limpia se sobreentiende que también posee todas las demás cualidades y así, el atributo de la limpieza confiere a la mujer de Carmona la dignidad de una vestal, dueña del orden y la honra. En el universo moral de la limpieza, el hombre le pertenece por entero a la mujer; es tenido por un objeto más al que hay que mantener impoluto y despejado puesto que su desaliño pone en entredicho la reputación de la esposa. Cuidar a un hombre es mantenerle limpio. «Vestir de limpio» al marido es un deber de la mujer para consigo misma.

El verbo escamondar significa literalmente «limpiar los árboles quitándoles las ramas inútiles y las hojas secas» y en sentido figurado «limpiar una cosa quitándole lo superfluo y dañoso» pero en Carmona este verbo tiene además un cierto matiz de obcecación, implica una actitud vital, es decir: no se trata sólo de limpiar sino de descortezar, simplificar incansablemente hasta llegar a la capa más esencial de una cosa y elevarla a la pura y santa desnudez. El adjetivo escamondado es un atributo que se otorga y se lleva como una verdadera distinción. Mancillar el brillo lustral del pavimento o ensuciar las paredes es un motivo de agrios reproches y de disputas irreconciliables entre vecinas. Barrer, regar, enjabonar, frotar, aclarar, secar, abrillantar, pintar de rojo el llagueado de los ladrillos, «bajos» de la fachada, sacar hasta la más pequeña mota de polvo de los surcos de la madera, pulir los clavos de la puerta, los llamadores, blanquear... hasta que todo se desgaste, se despoje, resplandezca purificado, adelgazado, ascético.

La cal –el lujo de los pobres– es la sustancia que ocupa el centro de este culto. La cal de Morón es la más apreciada por su blancura. «¡Caaaa de Mor-oooon!» pregona el calero cada mañana llevando su asno por el ronzal, los serones cargados, la balanza romana reposando sobre los bloques de cal viva. Con un grito gutural y primitivo que despedaza las sílabas ofrece su mercancía recalcando el nombre del lugar del que procede como garantía de su excelencia, como si fuese una especia exótica.

A fuerza de superponerse, capa tras capa, año tras año, la cal acaba generando sus propias formas. Dulcifica las aristas, redondea las esquinas, atenúa la unión del muro con el suelo, hace de bisagra entre las aguas del tejado. Pero también se metamorfosea en brocal, escalón, poyo, arriate, tapia, peana, arco, bóveda, viga. Presenta los volúmenes como envueltos en un embalaje mullido que los recrea. Al disimular las articulaciones y las líneas de sutura funde las formas en una continuidad inconsútil, cristalizada. Reduce las tensiones a un simple sistema binario de sombra-luz, lleno-vacío en el que los opuestos, lejos de luchar entre sí se contrastan y realzan mutuamente, pero a la vez crea un ritmo cuya esencial monotonía anula la idea de progresión temporal y lanza sobre las cosas un silencioso conjuro de naturaleza muerta.

La arquitectura de la cal se hace extensiva incluso a los árboles cuando siguiendo una costumbre islámica se blanquean sus troncos para desparasitarlos y tal vez, sin saberse, para someter su naturaleza orgánica a un mínimo ideal geométrico. La cal convertida en el signo gestual de esas cruces resueltas con dos gruesos tachones (a los que se añade en muchos casos un trazo a manera de peana como abstracción del Gólgota y símbolo de la Redención), sobre muros, callejones, medianerías, esquinas y fachadas. Signos que representan otra forma de «higiene», tal vez un exorcismo de los miasmas de la impiedad. Viejas fotografías y cuadros costumbristas decimonónicos nos informan de la gran profusión que alcanzaron estos signos, pero hoy día sólo sobreviven algunos, llamando nuestra atención con un lenguaje espectral. Residuos matéricos que la costumbre popular ha conservado con periódicos repintados aun cuando ya nadie –ni siquiera el más viejo– recuerda su razón de ser. Piedad, superstición, indicación de límite, seña de identidad, recordatorio, mero grafitti. Cualquier explicación pertenece al campo de la conjetura; aunque lo cierto es que los cambios y el olvido las han relegado a lugares en los que su antiguo significado parece ligeramente inteligible; lugares en los que el espacio de la ciudad se hace ambiguo y menante y precisa de la santa protección: el callejón sombrío, la calle sin salida, la esquina solitaria, escenarios que la imaginación reserva para la tentación, la navaja y el deseo.

Sin embargo, la blanca fisonomía que constituye un tópico en las descripciones de los viajeros pertenece a un pasado no muy lejano. Desconchando a fondo, muchas fachadas desvelan sus revoques esgrafiados, sus colores ya desvaídos con los que Carmona, igual que otras muchas ciudades, siguió la moda de las rocallas. Adornos que don Antonio Ponz en su Viaje de España, ya a finales del XVIII, llama despectivamente «chafarrinadas» a la vez que aboga por su eliminación mediante una buena limpieza. Caprichos del gusto, descubrimiento del lujo de la simplicidad, el caso es que en pocas décadas todos estos «errores» acabarían cubriéndose para convertirse, andando el tiempo, en sorpresas semejantes a esos «cuadros arrepentidos» que a veces se encuentran bajo otra pintura en un mismo lienzo.

Como un círculo vicioso, la simplicidad revela la limpieza y la limpieza necesita de la simplicidad de tal forma que ambas, buscándose la una a la otra, determinan la estética de la vida cotidiana. Interiores zurbaranescos donde cada cosa es lo que es y se manifiesta nítida y absoluta, autosuficiente, ofreciéndole el reposo a la mirada y nunca el extravío. Vanitas concebida por una sensibilidad islámica y mística. La tinaja, el chinero vagamente art-deco con una botella única de vino oscuro casi nunca llena del todo, unas pocas frutas en un plato, el mantel de hule, la mesa de patas rectas y lisas, la bombilla desnuda en el centro de la habitación, como una antorcha ingrávida.

La tierra como identidad y como valor, como sensación, propiedad y sistema de vida, es algo omnipresente en Carmona. Todo sale de la tierra y vuelve a la tierra: el hombre, su alimento, su morada, sus despojos. La historia se desintegra en la tierra y de ella emerge como recuerdo ruinoso. Tierra Madre que da el ser y acoge el no-ser. Amarillo. Sagrado limo marino del alcor vibrante de chicharras y murmullos de fósiles en la canícula. Tierra roja de olivar. Tierra fangosa de huhedo. Albero solar. Hierro transformado en verdor circulando por los vasos de las plantas. Hombres de tierra con la tierra escrita en la cara, la piel cuarteada por el sol y el frío. Gente de miembros redondeados y brunos como pellas de arcilla. Las manos de los viejos campesinos arrugadas como barro seco. Miradas opacas y terrosas. Uñas gruesas y duras como lajas de pedernal o rugosas y amarillentas como una piedra costrosa. Manos que saben cobijar un puñado de tierra como si se tratase de un inocente pájaro o desmenuzarla como aurispíces interrogando una víscera.

Muros de tierra, tejas de barro alineadas como surcos rigurosos sobre los rítmicos quiebros de los tejados que recrean la ondulación de campos recién arados, cal, hierro, alquimia: orden inscrito en el cuerpo amorfo de la tierra. La flora de los tejados: el jaramago y el suntuoso liquen que dora la tejas, la alcaparra que revienta las torres, la higuera espontánea que levanta los pavimentos de los patios abandonados, el verdín que mancha de lepra los muros, la ortiga surgiendo en la jamba de la puerta, la maleza anónima que se abre paso a través de los ladrillos; todo ello creando un ambiente «químico» en el que los elementos se transforman en botánica y arquitectura. Una capilaridad telúrica recorre los edificios y escala hasta las cimas de los campanarios. Cuando sopla el solano, una aureola de tierra agitada, elevada a los cielos, lo envuelve todo.

El agua jamás se sobreentiende en el secano. Puede que superficialmente se la considere sólo agua, mas para el inconsciente es otra cosa y se le dedica una atención sagrada.

Tanto por su calidad como por su escasez, el agua siempre ha representado un problema en Carmona. Sólo por ella parece que se moviliza la comunidad en masa con rogativas para pedirla al cielo o con protestas para exigírsela al poder terrenal. Es un agua dura y caliza que corroe los dientes, se deposita formando piedras en los riñones y convierte las tuberías en venas enfermas. Su alcalinidad forma parte de la química secreta que caracteriza el «genius loci». Sin embargo, Carmona «quiere» identificarse con el agua. Su estrella heráldica, coronando la fuente de los Leones, lanza siete chorros, uno por cada punta, como si la ciudad fuese una diosa nutricia. Pero son chorros irregulares de caída desigual, como de agua poco habituada a los juegos sofisticados de la abundancia y que sólo parece hablar de sí misma, de su propio derramarse sin trabas, dándose generosa tal cual es.

Los pozos revelan la penosa tarea que suponía la extracción del agua antes de las canalizaciones modernas. Han de penetrar hasta muy hondo la roca del alcor antes de encontrar las «cuevas», verdaderas minas de las que mana gota a gota el precioso mineral. Tal vez por la dificultad de su construcción, o porque las minas no son abundantes o bien porque en el reparto de una casa se incluía la mitad del pozo; es por lo que frecuentemente son compartidos en medianería convirtiéndose en un vínculo de vecindad. Algo muy cotidiano era la charla entre vecinas a través del pozo sin verse las caras puesto que el muro de separación suele llegar hasta más abajo del borde del brocal. Las voces percutiendo en el tímpano del agua, rebotando en las rugosas paredes, ganaban una vibración oracular.

El pozo no era sólo un elemento de servicio en la casa, era un ser vivo antropomorfizado. Igual que se hablaría de la salud cambiante de un miembro más de la familia se hablaba del pozo, con satisfacción cuando estaba bien «cebado» y con preocupación cuando enflaquecía y empezaba a enseñar las cuevas. A veces se echaban galápagos dentro del pozo y allí vivían durante años, dejándose ver de tarde en tarde silenciosos y arcanos al cruzar el fondo como una sombra. El motivo de esta costumbre tal vez fuera el de garantizarse la salubridad del agua mediante un sencillo y antiquísimo «test».

En la mitología popular relacionada con el agua aparece el Tío Martinito, genio telúrico, demonio o espectro habitante de los pozos que cada uno describía a su manera cargando las tintas lo suficiente como para asustar a los niños demasiado curiosos y confiados, cuando merodeaban alrededor del brocal. Siempre había historias alrededor de algún pozo, niños caídos, suicidios escabrosos, pérdida de objetos. No es extraña la costumbre de «cristianar» el pozo rematando el soporte de la polea con una cruz de hierro forjado, como si se tratase de una llave que cierra el paso entre el mundo subterráneo y el mundo de la luz, una protección contra las amenazas inferiores; pero también un recuerdo permanente de que el agua es un don bendito.

Aquello que se quiere olvidar pero en cierto modo no perder, se tira al pozo. No se entierra puesto que ello exige una premeditación y un esfuerzo contrario al arrebato, ni tampoco se quema ya que el fuego transforma las cosas y las relega definitivamente a una dimensión inaccesible, sino que se entrega al agua. En el seno del agua estará presente pero irrecuperable, como testigo de una decisión definitiva.

Los antiguos aljibes romanos, su sistema de canalillos de recogida y desniveles para favorecer la decantación son ejemplos de toda una ciencia del agua. Poco a poco dejaron de utilizarse y se fueron llenando de tierra y detritus estratificados como si el tiempo y las generaciones posteriores hubiesen decidido almacenar en ellos, en vez de agua, su historia anónima página a página.

En las huertas llegó a desarrollarse una verdadera arquitectura del agua a través de los conjuntos formados por la noria, los pilones y canalillos de conducción, la alberca y compuertas que luego la distribuían por las acequias. Pero con la introducción del motor y el olvido de ciertas técnicas artesanas los mecanismos de madera y barro se fueron quedando sin reposición. Ya sólo se conserva alguno, fuera de uso, como el esqueleto desvencijado de un extraño animal.

A fuerza de guardar y mimar el agua, el secano –y más aún si posee la herencia islámica–, acaba dándole la categoría física de joya venerada por *encima de la simple necesidad. Nunca se la deja a su libre y fluido ser sino que se le da una forma: prisma, cilindro, ovoide. Depósitos, recipientes, alacenas, tienen un carácter «protector» semejante al de los cofres y sagrarios. No en vano la mina de agua que surtía a la ciudad, situada en la Alameda, era conocida antiguamente como «el arca del agua» sellada –¡cómo no!– por la estrella octogonal.*

Los pilares y abrevaderos, peldaños de una escalera acuática que discurre bajo tierra hasta desaguar en el llano, nos muestran como cajas abiertas en medio de la sequedad una lámina de agua que fluye serena y el hipnótico flamear de lánguidas cintas de algas; un precioso y frágil contenido ofreciéndose al sol y los ganados.

El agua se «sacralizaba» en la penumbra de las casas, guardada dentro de una tinaja en la alacena o puesta a refrescar en el taller, hornacina recubierta de azulejos, auténtico sagrario desde el que irradiaba silenciosamente su esencia preciosa. Y no podía faltar el agua santa asociada a la «diosa» del lugar. Agua de fecundidad que surge recóndita en una pequeña cueva al lado de la ermita y que las muchachas beben con el deseo de encontrar marido.

El único viento que en Carmona tiene nombre conocido es el solano. Sopla de Levante y cualquiera sabe identificarlo a la primera ráfaga que se desata anunciando días de aridez y desasosiego. Todo lo descarna, arrastra polvo y chinarros, ensucia el cielo, cierra violentamente las puertas, golpea – impertinente– las ventanas con una insistencia de viajero al que nadie quiere albergar. A su paso reseca la tierra, las plantas, la piel, los labios, los ojos, el alma, mientras retumba dentro de la cabeza provocando un estupor acre, una aspereza de la sensibilidad que pone a la gente irritable y afecta a la convivencia.

Cuando sopla en verano alarga los días desoladoramente, propaga los incendios de las cunetas y entonces arrastra el olor de la hierba quemada junto con relentes de carroña. Hace remolinos de polvo que danzan por la Vega como demonios borrachos, cubre el cielo con un velo sahariano espeso y calinoso a través del cual el sol parece un hueso seco, radiactivo, y su luz no da profundidad al espacio. En los interiores de las casas los cuerpos estragados afilan sus nervios y se deshacen en un sudor pegajoso.

El viento de Poniente trae las nubes y cuando corre como una exhalación ligera y fresca precede a la lluvia. Pero en Carmona apenas hay viento, es decir, no hay vientos regulares, sólo vientos que golpean de manera entrecortada, de ahí que a pesar de la altura del lugar no existan molinos de viento y que las veletas sean escasas, simples dardos que señalan de manera imprecisa y que en su mayoría se han ido anquilosando por el óxido hasta petrificarse en cualquier dirección de la rosa y caer a pedazos. La cometa es un juguete inservible.

En Carmona, el viento es casi un efecto del propio urbanismo, la más

ligera brisa es frenada por los altos muros, choca contra las torres y es precipitada hacia el suelo arremolinándose en las plazuelas y lonjas, escapa por las calles, encajonada hasta desembocar en otra encrucijada donde se enreda con las corrientes opuestas, decae, se reanima y huye ululando, silbando en el arpa eólica del tendido eléctrico y la ciudad parece más solitaria, habitada sólo por el viento. La noche se hace más oscura con ese sonido fantasmal.

Hablar del aire es hablar del espacio. El vacío espacial, pletórico de infinitud en la Vega, se vuelve un silencioso vacío zen en la ciudad. El espacio de las calles, de los zaguanes, de las iglesias, es minimalista, metafísico. Una sublimación del vacío cercana a la muerte; a la muerte entendida como «nada» pero con ese sentido mediterráneo del olvido tedioso, salino, presente en el secano, las tierras de siega, el mundo áspero de los graneros, los templos ruinosos, las fortalezas... ese escepticismo existencial tan bien reflejado por Seferis o Camus. Escepticismo que no es incredulidad, puesto que no impide el trabajo, sino que al contrario busca la rutina, la disolución del pensamiento en el rito y el orden, en la rigurosidad con que se realiza una tarea o un gesto. La proporción justa, elegante, que busca el mínimo esencial. Una quietud cristalizada donde se asienta el olvido. Vacío y silencio presente en las formas y sus relaciones como en el muro cerrado que oculta con hermetismo conventual todo lo que sucede al otro lado. De hecho la ciudad invita a estar dentro de las casas y no en la calle, mero «pasadizo» claustral que sólo sirve para llevar de un sitio a otro por un vacío resonante en el que los ecos nocturnos de los pasos se dispersan como el aleteo de grandes pájaros invisibles.

Es admirable que los agricultores conserven la costumbre ancestral de quemar los rastrojos en contra de consejos y prohibiciones pues no sólo es un peligro para los cultivos cercanos sino que provoca el deterioro acelerado del humus fértil. Cada año, tal vez por puro amor al fuego y sus liturgias, incendian los campos al anochecer abriendo largas heridas incandescentes. Remotas olas de fuego se encrespan en el vacío inabarcable de la Vega. Un fuego sin referencias espaciales que sofoca aún más a la roja luna de agosto y dura hasta el amanecer. Por la mañana, el humo del holocausto, denso y acre, se eleva hasta los cielos en inmensas columnas rituales y se inicia la lenta lluvia de pavesas negras sobre la ciudad; pajas carbonizadas que la gente llama «periquitos» y que junto con la atmósfera calinosa es la pura imagen del verano tedioso e interminable.

El fuego que corre desbocado por las hazas se vuelve íntimo y escueto en la ciudad; un resplandor sin llamas recogido en las «copas» (braseros), como si al negarle su forma de voluta danzante se le sometiese a la misma austeridad funcional que caracteriza la arquitectura. Por lo demás, el escasísimo arbolado del contorno no permite alimentar grandes fuegos; por eso hay que disciplinarlo, domeñar su voracidad, ralentizarlo hasta que se convierta en una tierna esfera de calor embozada en el pequeño tabernáculo de la mesa camilla. Fuego discreto que apenas humea y que delata su presencia con un tibio aroma de alhucema quemada flotando en la atmósfera quietista del invierno; un olor mezclado con el de las ollas y pucheros, asociado a mujeres enlutadas y beatas adustas.

El fuego diminuto de la lamparilla de aceite o «mariposa» evoca una idea de piedad femenina. Cuando arde junto a los nichos de los cementerios es el recuerdo de los difuntos, frágil, y huidizo, siempre rozando la frontera de la consunción. Oscilando dulce y untuoso arranca parpadeos y estremecimientos casi imperceptibles a las imágenes sagradas y estrecha al devoto en un círculo de absortas confidencias.

La acción del fuego nos lleva a la forja; una forja de formas escuetas y reducidas al mínimo. Hierros afacetados que expresan fuerza y dureza implícitas en la estructura severa de las rejas –producto formal del XVII– concebidas como un simple cruce de líneas horizontales y verticales donde el zarcillo y hasta la más pequeña curva brillan por su ausencia.

El fuego alquímico, agente calcinante que transformaba la piedra de alcor en cal de mortero en los hornos excavados en la tierra como atanores rupestres por la falda de los Alcores, zonas de la Batida y Necrópolis, forma parte de las impresiones de viaje de Théophile Gautier cuya llegada nocturna a Carmona está teñida de grandes reflejos que surgiendo de los numerosos hornos enrojecían el paisaje produciendo «efectos a lo Rembrandt, de admirable pujanza y por todo extremo pintorescos».

Y para terminar esta breve reseña sobre las relaciones del lugar con el fuego diremos que todas las tormentas «calmonas» han terminado yendo para «Carmona» por una deformación del habla que ha convertido el enclave de la ciudad en algo parecido a un ara que invoca el fuego etéreo.

Carmona es una ciudad dual formada por el intramuros, acrópolis que hace mucho quedó cristalizada tanto en sus formas arquitectónicas como sociales, y el Arrabal que no deja de expandirse favorecido por el crecimiento demográfico, el abandono de las viejas casas cuyo deterioro y condiciones de hacinamiento las hacían demasiado incómodas y, también, la tendencia de los nuevos matrimonios a emanciparse de las familias muy numerosas presididas por los padres o los suegros.

El Arrabal ha desarrollado en sus pobladores un carácter con matices propios más abierto y móvil frente al conservadurismo de los que viven dentro de la muralla. Aunque estos matices no generan conflictos importantes, la gente de intramuros tiende inconscientemente a mantener un vago sentimiento de diferencia en cuya raíz tal vez esté presente la desconfianza que debió sentir una población «amurallada» –psicológicamente aislada– hacia una población flotante a la que se le permitía habitar las afueras y que poco a poco se fue asentando en el Arrabal. La población de las cuevas, formada probablemente por elementos marginales y parias, gente nómada apenas *evangelizada que poseía una cultura mueble y un folclore que casi no ha dejado rastros en Carmona (aparte del cante llamado polo) en contraste con la población de la ciudad dueña de una cultura mudéjar y conocimientos básicos de las técnicas y la arquitectura.*

Con el tiempo, los restos de esta población transeúnte y troglodita tal vez llegaron a instalarse definitivamente, dedicándose a los trabajos agrícolas como braceros temporales y cubriendo el resto de sus necesidades con una economía de subsistencia basada en la caza menor, recolección de aceitunas, espárragos, leña, caracoles y cualquier cosa que ofreciese ocasionalmente el campo. Este sistema de vida ha marcado Carmona con una cierta personalidad depredadora y minimalista que conservan muchos trabajadores agrícolas que frecuentemente salen al campo aún cuando no haya ninguna faena de temporada que atender. La cacería de pájaros con alpercha o con escopetas de aire comprimido, liebres, zorzales y perdigones, la «rebusca» de aceitunas una vez terminada la campaña de verdeo, incluso pequeños hurtos de frutas y cereales siguen siendo algunas de las ocupaciones habituales que llenan y rentabilizan el ocio agrícola; ocupaciones admitidas con cierta tolerancia pero que durante la postguerra contribuyeron a enrarecer en gran medida el clima social entre propietarios y jornaleros. Junto a estas actividades se dan otras tales como la artesanía de la pleita o trenzado en forma de banda de las hojas de palmito para la confección de espuertas, quincanas, macacos y soplillos, el trenzado de tomizas, y la construcción de alperchas y de un tipo de jaula ojivada para los perdigones de reclamo. Una artesanía que no se aleja en absoluto de las simples actividades venatorias y de subsistencia y que por tanto ignora hasta el elemento decorativo más primario limitándose a darle una forma y una función básica al material que proporciona el entorno.

Con estos antecedentes no es extraña la parquedad, casi inexistencia, de la cocina local. Pájaros fritos, caracoles picantes, guiso de conejo, aceitunas, espinacas con garbanzos, espárragos trigueros, vísceras, adobos. Todo ello fuertemente sazonado, excesivamente condimentado con las hierbas del lugar, sin sutilezas ni variaciones; como si tuviese algo de cocina nómada improvisada y consumida en el mismo sitio en el que se consigue la presa.

Como ciudad de realengo gobernada por un concejo, Carmona ha podido disfrutar de una cierta autonomía y ofrecer a sus ciudadanos unas libertades que no serían posibles bajo una mayor presión feudal. Menos obligaciones, elementos marginales tolerados, trabajos de temporada alternos con largos periodos de ocio, subsistencia, han contribuido a acuñar otra faceta del carácter carmonense: un fondo anárquico. Romanidad, mudejarismo y anarquía.

La dualidad de la ciudad ha generado dos ágoras: la de la zona del Paseo, abajo, y la plaza de Arriba, dentro de la muralla. La primera es habitualmente la más concurrida. En ella se reúnen los hombres cada día tal vez obedeciendo a una costumbre dieciochesca derivada del hecho de que en esta zona se concentraban los mesones y mancebías, se hacían las contratas de trabajo, se veía a la gente de fuera y se recibían las noticias. Era el mentidero y el espacio para la holganza. Actualmente, la proliferación de bares, peñas y oficinas bancarias y que la zona siga siendo una travesía obligada para carmonenses y forasteros no sólo mantienen su condición de ágora sino que la han potenciado. Contratistas, corredores, rentistas, agricultores en busca de temporeros, transportistas, desempleados, holgazanes, drogadictos, jubilados, gente que pasa camino de sus obligaciones. El trabajo y la ociosidad se mezclan de manera tan promiscua que resulta casi imposible distinguir el uno del otro, manteniéndose viva una imagen mediterránea secular, un sentido del tiempo cotidiano que no deja de resultar chocante para el forastero de paso.

El juego es el remedio utilizado desde la antigüedad para aliviar el exceso de tiempo, los largos periodos de inactividad a la espera de la contrata, la próxima cosecha o la muerte. Simples juegos de azar como los dados que ya entretenían el ocio romano; el dominó, más oriental; las cartas. Juegos de taberna en cuyas piezas manoseadas va quedando depositada la impronta orgánica de una espera monótona y espesa.

Sin embargo, la gente sigue considerando su ágora tradicional la plaza de Arriba. Allí estuvieron el foro romano, el zoco medieval, en sus aledaños sigue estando el mercado de abastos, el ayuntamiento, la iglesia prioral y en suma, el epicentro de la identidad histórica y social de Carmona. Ciertos días solemnes como el de la virgen de Gracia, el de Corpus Christi, Jueves y Viernes Santos, se convierten en pretextos para cumplir con el rito de «mostrarse» socialmente. No importa la diversión, en el fondo tampoco importa demasiado la devoción, sino la observación, la vigilancia. Cada cual controla la trayectoria de los demás, los cambios, los progresos, los noviazgos y matrimonios, las descendencias, los nuevos miembros de la colectividad y los que ya no están, los que han mejorado y los que han venido a menos, los emigrados que vuelven por unos días, añorantes o satisfechos, los que intentan escalar, los que intentan distinguirse, la vanidad, la pretensión, el simulacro. Todos acuden a este núcleo magnético para regenerar una identidad que en la mayoría de los casos ni siquiera es intuida por los participantes. Que las fiestas solemnes en las que lo religioso y lo social resultan indiscernibles se sigan celebrando intramuros y sobre todo la «voluntad» –expresada por un cierto sector de la ciudad– de una patrona que raramente sale a la calle pero que una vez al año «recibe» al pueblo y le concede, envuelta en un aire de insalvable distancia aristocrática, el honor de besar su mano en pleitesía, hace intuir el desfase existente entre las dos ciudades; las imposiciones sociales de una parte de la población que quiere detentar la tradición y la esencia de Carmona haciendo perdurar la irradiación simbólica de su acrópolis, frente a la otra parte que es «obligada» a rendir culto a un emblema que al mismo tiempo se le sustrae sutilmente como si en el fondo no existiese una verdadera voluntad de unidad y asimilación sino una tolerancia convencional y conveniente que pide ciertas garantías expresadas en mutuos gestos de dominio y acatamiento.

Como en todas partes, el ágora y la fiesta constituyen los espacios idóneos para la observación de la tipología humana. La forma achatada de una nariz que tiende a repetirse, la textura gruesa del cabello, la calidad terrosa de la piel, los gestos; gestos nacidos, parece de un determinismo de la carne como si en ella estuviese implícito el repertorio de movimientos y expresiones posibles a tal conjunto de rasgos; son elementos raciales casi imposibles de rastrear o reducir a un tipo específico. Sería más justo hablar de un cierto «aire de familia», una hibridación definitivamente inacabada, eternizada en una sólida desunión que sólo su repetición serial consigue trabar ofreciéndole como una conformación genética establecida. En Carmona, lo racial más que una forma es una expresión de la carne identificada con su entorno.

El retrato esencial del hombre de Carmona es una conjunción entre el blanco impecable de la camisa de los días solemnes y la piel del cogote, curtida y oscura, craquelada como la tierra seca. Un pedazo de tierra envuelto en un sagrado «corporal».

La mujer tradicional se define con el pelo brillante, tensado en un rodete compacto a la altura de la nuca. Vestido negro o de color neutro sin concesiones a los detalles superfluos, alianza plana y ancha de oro mate destacándose discretamente entre sus dedos arrugados por el trabajo. Unas simples perlas o unas filigranas de oro no más grandes que un botón de camisa penden de sus lóbulos colgantes. Joyas que lejos de parecer un adorno tienen un algo de marca primitiva, de tatuaje tribal. A este parco atuendo se añade en verano el lujo efímero y fragante de la moña de jazmines. Prendida en el rodete o en el pecho es la tardía floración de ancianas matronas que dejan a su paso el fantasma de olvidadas sensualidades.

No es raro encontrar a esta mujer acompañada de un perrillo del tipo llamado «ratonero», una casta indefinida en la que actualmente pueden darse rasgos incluso del pekinés. Parece que estos perritos gozaron de una cierta predilección por parte de las damas en el s. XVIII y algunos llegaron a ser retratados por pintores de cámara. A pesar de que no pueden encuadrarse en una raza determinada, tienden a presentar una tipología propia. El cuerpo alargado y obeso al que se une la cabeza casi sin transición, pelo muy corto, orejas puntiagudas, ojos redondos y saltones de mirada vivaz, patitas pequeñas que han de moverse a gran velocidad para seguir a su dueña con un tic-tic-tic de cronómetro. Sus ladridos agudos expresan por igual la alegría estridente, el temor o la antipatía injustificada hacia algunas personas. Casi siempre se trata de una hembra que corretea alrededor de la mujer como un satélite ruidoso y que indefectiblemente responde al nombre de Chica. Chica es lista, alegre, revoltosa, comprometedora, miedosa. Su ama la protege, le habla, le riñe como a una niña que nunca crece. Cuenta a las vecinas sus *zalamerías y ocurrencias pero sin que Chica se entere para que no se convierta en una consentida. Cuando Chica, que es bastante liviana, anda preñada se le censura sin demasiada convicción, se le busca un rinconcito cómodo para hacerle más llevadero el parto y ya se pensará qué hacer con los cachorros. Chica es lista como una persona, «parece» una persona pero no es una persona, se la quiere pero no es un sustituto afectivo, simplemente es un animalito asociado a la feminidad maternal, protectora y cómplice de su dueña, un atributo colocado a los pies de una diosa campaniforme.*

El arquetipo masculino carmonense se complementa con el galgo, un espectro de tierra condensado en forma de músculo enjuto que sigue a su dueño como una sombra terrosa y sufrida con el rabo curvado igual que un zarcillo de vértebras entre las patas. El galgo se mimetiza con el paisaje, su piel posee los matices y tonos de la aridez. Pertenece a esa clase de seres que expresan lejanía e indiferencia, casi escepticismo y un orgullo remoto.

No es un perro alegre, no es exactamente un animal de compañía, no está habituado a los mimos y su cabeza es una máscara espartana que recibe la caricia con perpleja incomodidad. Se entrena para una cacería arcaica consistente en la persecución de animales pequeños y veloces por el gran espacio abierto de las hazas o las rectas calles del olivar. Cuando reposa es como una saeta en la aljaba.

Es noble pero no aristocrático, carece de la opulenta soberbia de los lebreles y por tanto no sirve como prolongación heráldica del orgullo de su dueño. En cambio, está vinculado a cierto tipo de hidalgos modestos y agricultores discretamente acomodados que viven sin estrecheces pero sin lujos. Para ciertos campesinos el galgo es un medio para obtener un beneficio suplementario. Seguidos por el galgo cuando van a trabajar pueden aprovechar el encuentro fortuito con una liebre, por eso el galgo también es propio del depredador.

Los galgos vuelven al atardecer siguiendo con largas zancadas a sus amos. Galgos que trotan amarrados por el pescuezo tras el remolque cargado de aceitunas; casi arrastrados por la moto ruidosa; a paso cansino detrás de un burro casi enterrado bajo un enorme haz de varas de olivo; galgos atraillados en grupo con ásperas tomizas que rodean sus finos cuellos como delgados lazos de horca, llevados como si no fuesen una verdadera propiedad sino algo atrapado casualmente, un genio agrícola caído en una trampa ocasional y con el que no se piensa mantener una relación de afecto.

En realidad el campesino no ama al galgo. El galgo es un instrumento, una piedra recogida del suelo para lanzarla cuando hace falta. Cuando el galgo enferma o es demasiado viejo se le deja morir de hambre o se le ahorca y no por ello su amo puede considerarse más cruel que aquel que arroja a la basura un cuchillo ya mellado.

Antonio Calvo Laula   Juan Fernández Lacomba
Carmona 1991

PREAMBULO

Ni que decir tiene que estas pocas hojas impresas y encuadernadas, libro, lector, que traes entre manos, trata de Carmona para tu gobierno; no te dejes guiar por él, antes al contrario, porque aunque aparente ir mostrándote el camino, eres tú quien debes conducirlo: ve por donde creas conveniente. El autor, sus autores han diseñado, fabricado y montado pieza a pieza el artefacto, pero tú lo has puesto en marcha, pudiéndolo parar cuando te venga en gana, incluso destriparlo y hasta remontarlo o desmontarlo, según cuadre. Si decides seguir recorriendo este escrito y algo echas en falta añádelo y tira lo que sobre, que nadie debe arrogarse propiedades por el intelecto, sino milenios de cultura. Lo que ocurre es que más de uno y dos nacimos en Carmona o fuera de ella como don Cosme en Rute, a lo peor por puro fatalismo; desde luego, a nosotros no hubo quien nos dijera que, con albedrío, posásemos el dedo sobre el mapamundi, pero nos sentimos a gusto y «con una cierta jactancia de hombre de Rute», como apuntó Mairena en el café. Y es que Carmona es universal por íntima, como el amor o la muerte.

Lo que sigue, de alfa a omega intento de síntesis y puesta al día divulgativa de buena parte de la investigación social que tuvo y tiene a Carmona por objeto de estudio, debe cantidad de puntos, lógicamente, a un sinfín de autores cuya obra es impropio reseñar aquí, extensa ni intensamente; muchas de estas notas son de ellos, incluso aquéllas que han sufrido *addenda et corrigenda* por nuestra parte, puntualizaciones que son hijas de la consulta a fuentes de todo tipo. Quede aquí nuestro público agradecimiento, que hacemos extensible a los editores y al impresor de esta obra, culpables de que exista.

I. EVOLUCION URBANA

"En las viejas edades, el pueblo fervoroso abre los cimientos de sus templos, talla las piedras, levanta los muros, cierra los arcos, pinta las vidrieras, forja las rejas, estofa los retablos, palpita, vibra, gime en pía comunión con la obra magna".

José Martínez Ruiz, AZORIN, *La voluntad*

"Nuestra visión de la realidad está condicionada por nuestra posición en el espacio y en el tiempo, no por nuestra personalidad, como nos complacemos en creer. Por eso toda interpretación de la realidad se funda en una posición única. Dos pasos al este o al oeste, y todo el cuadro cambia".

Lawrence Durrell, *Balthazar (El cuarteto de Alejandría)*

"...obligada a permanecer inmóvil e igual a sí misma para ser recordada mejor, Zora languideció, se deshizo y desapareció..."

"Nadie sabe mejor que tú, sabio Kublai, que no se debe confundir nunca la ciudad con el discurso que la describe..."

Italo Calvino, *Las ciudades invisibles*

Monedas siglos II y I antes de Cristo.

En la geometría de un medio físico entre ríos, entre el Guadalquivir y Guadaira y sobre unos novecientos cincuenta kilómetros cuadrados, bajo el dominio de un clima mediterráneo de veranos cálidos, se extiende el término de nuestra ciudad, aproximándose ella a su centro, derramándose desde la cota doscientos cincuenta y pico, la más alta de los alcores, primera de las tres unidades geomorfológicas que en él se distinguen, charnela que como cuña penetra desde Alcalá, donde nace a sesenta metros de altitud, falla de formación marina terciaria -miocena o pliocena- que a la vuelta de una era conoció su buzamiento; al noroeste se encuentran las cuaternarias terrazas, hijas de la acción del gran río, mientras que el resto lo ocupa la vega, fondo elevado de mar o zona emergida que, tras la retirada ineludible de las aguas saladas, fue erosionada por corrientes dulces como la del Corbones, también en tiempos cuaternarios. Guadalquivir, Guadaira y Corbones, tríada con comparsa de arroyos intermitentes como los Alcaudete, Alberquillas, Avispa, Carriquemado, Cochino, Judío, Matadero, Rata, Reina, Rubio o Víbora, figurantes de una red hidrográfica con mínimo interés agrario, en un mundo dominado por la presencia del campo. Una bien jerarquizada trama de vías surca este territorio, coincidiendo, en muchos casos, con trazados medievales, si no antiguos, como ocurre en parte de la vega, donde recortan parcelas de una centuria canónica, según demuestra con nitidez la carretera que va a Paradas; la misma nacional cuarta busca y pisa con insistencia el camino viejo, que hace lo propio con la calzada romana, no existiendo itinerario conocido que no cite a la mansión carmonense.

El primer poblamiento de nuestra zona debe remontarse al pleistoceno inferior o inicios del medio, a cargo de madrugadores tipos del *homo erectus*, si bien las áreas de ocupación detectadas, por ahora, apuntan a industrias posteriores al paleolítico inferior arcaico y, en el yacimiento entre la Víbora y las Corchas, camino del archelense. Ya en el neolítico, tanto inicial como pleno, las localizaciones lo son de verdadera habitación, alguna tan notable como la del Acebuchal, todas alineadas a lo largo de los alcores; el propio núcleo de Carmona estuvo ocupado en una banda ceñida a dicha falla, cuando menos desde el Barco hasta el Picacho, a juzgar por los hallazgos, cuyo ancho bien puede darlo la ubicación del *tholos* precampaniforme conservado en su subsuelo, entre los cimientos del ayuntamiento y la plaza de abastos actuales. Carmona que, desde entonces, contó con una continua ocupación humana, cerciorada incluso con materiales del bronce tardío, únicos en Andalucía occidental. Carmona que, desde el cambio de milenio, tuvo un amurallamiento perimetral paralelo, en su trazado, al de épocas muy posteriores, con un bastión conocido, embutido en la puerta de Sevilla. Carmona que, desde luego, permaneció notablemente activa en los periodos orientalizante e ibérico.

Y del poblado al pueblo con carta de ciudadanía, tras el golpe de gracia al dominio cartaginés que supuso la batalla de Ilipa, librada inmediata al Corbones, dentro de nuestro territorio, al que siguió una década de régulos seudoindependientes de la entonces república. Debía correr el ciento noventa y siete anterior a la era cristiana, cuando el posible topónimo paleopúnico **Cartare** pasó a ser el **Carmo** latino, la Carmona romana que, bajo los usos y costumbres heredados y conforme a la topografía, poco a poco, transformó sus murallas y puertas, erigió edificios privados y públicos, civiles o religiosos, conformó sus necrópolis... Un primer cementerio hay que situar al norte, a partir del raso de santa Ana, donde se ha detectado un *bustum* colectivo y otros restos fúnebres, acaso de tiempos republicanos; y de los inicios de la república debe ser la tumba de pozo excavada en el alcázar Real, al este; pero la necrópolis por antonomasia fue la situada al oeste, a lo largo de la calzada en dirección a Híspalis, de la que conocemos su extremo más occidental, con centro a un kilómetro del amurallamiento y quinientos metros de radio, aproximadamente, aunque en la actualidad está reducida a los llamados campos de los Olivos y las Canteras, que suponen poco más de seis hectáreas, salpicadas aquí y allá por doscientas y pico de tumbas de las cerca de ochocientas halladas por sus descubridores, comúnmente de incineración y culturalmente de origen mediterráneo, excavadas, entre las que se encuentran algunas tan monumentales como las de Servilia o el Elefante, vinculada a los cultos mistéricos. Dentro de este foco está situado el anfiteatro, rupestre hasta la altura de la cávea inferior y lígneo en el resto, datable en el último cuarto del siglo primero anterior a Cristo; y el teatro también pudo ubicarse en algún lugar extramuros, entre las puertas de la Sedía y de Sevilla, a juzgar por el terreno, pero de él no tenemos noticias fidedignas, lo mismo que del circo, aunque la cuestión no sea de fe. Otro edificio público civil sería el correspondiente a las termas, que hay que poner en relación con los baños medievales que ocuparon una parcela abierta a la calle de tal nombre, cercana a la iglesia de san Bartolomé, ya intramuros; la infraestructura hidráulica que comportaría se ha querido entender unas veces subterránea y otras aérea o mitad y mitad, pero fuere como fuere lo que sí parece es que no acarreó la existencia regular de fuentes públicas, de las que sólo tenemos noticia de una junto a la vía a Híspalis, quedando, por tanto, el abastecimiento general de la urbe a merced de pozos privados. Al conjunto de edificios que acotaron el foro deben referirse los vestigios encontrados en la plaza de Arriba; hasta la propia prioral de santa María, si es que en su solar se ha perpetuado el uso religioso desde entonces, como pretende la tradición; aunque la realidad es que, hoy por hoy, no sabemos a ciencia cierta de ningún templo, apuntándose la posibilidad de éste y de otro cercano a la plaza de Abajo, junto al teatro Cerezo. Foro que, lógicamente, atravesaban el *cardo* y *decumana* máximos; el primero uniendo la tan citada puerta de Sevilla con la de Córdoba, la segunda uniendo la de la Sedía con la de Morón, pero bien entendido que ni el uno ni la otra comportaron el trazado de un viario radicalmente nuevo, sino que respondían a recorridos anteriores, más bien heterodoxos respecto a la costumbre romana; el conocimiento de sus direcciones exactas, así como el de otras calles, puede estar en el estudio riguroso de las cloacas, algunas aún en uso.

Sobre la superficie de unas cuarenta y cinco hectáreas que venía ocupando, delimitada por un cinturón amurallado de tres mil seiscientos metros, ejecutado a base de *opus quadratum* relleno de hormigón, abierta al mundo por las puertas ya citadas y concentrada en los alrededores de los edificios administrativos y religiosos, así como a lo largo de las vías principales, se distribuyó la población de **Carmo**, quedando yermas zonas inmediatas al alcor como las de san Blas, el Picacho o el alcázar Real; esta última zona baldía, en la que apuntamos enterramientos en los primeros tiempos republicanos, debió de ser una fortificación interior, con su propia puerta, la de Marchena, donde Varrón instaló a sus tres cohortes en la guerra civil. **Carmo**, que desde los días de Augusto conoció una época próspera a base, sobre todo, de la agricultura, perdida en favor de la gran

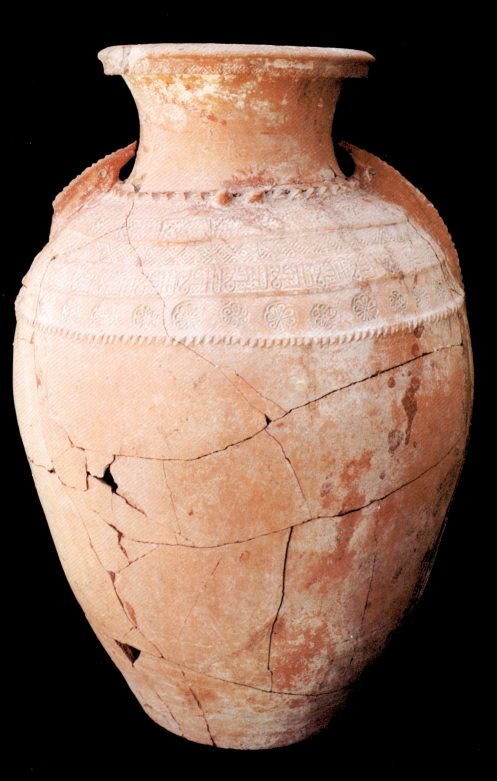

propiedad privada y sus asentamientos rurales consecuentes a la explotación.

Llegado el siglo tercero Carmona enmudece para nosotros. Los arqueólogos sólo han sacado a la luz un borde de *sigilata* y un epígrafe funerario paleocristiano, incrustado en un relleno medieval de la puerta de Sevilla; apenas nada y sin relevancia urbanística. Y un tanto de lo mismo ocurre con el mundo visigodo, del que se conserva un calendario litúrgico grabado en uno de los fustes de la arcada islámica del patio de los Naranjos, en santa María, pieza de tiempos de Leovigildo.

Es regularmente aceptado y aceptable que árabes y beréberes entraron en Carmona por el mes de julio del setecientos trece, pasando a ser **Qarmuna** por más de cinco siglos, la de la muralla «de construcción antigua», mezquita mayor «con columnas de mármol y pilastras de piedra», mercado «los jueves», baños públicos y arsenal «que fue construido después de la invasión de los normandos», la de «numerosas ruinas antiguas» y «muchas canteras», que describió al-Himyarí; la que incluso prestó su nombre a una moneda zanata. La que aún recuerda el callejero con Atarazana, Barbacana, Sedía o Siete Revueltas. Aquélla que dejó en la Batida su constancia de reutilización como cantera con inscripción y puerta figurada, enmarcadas por arco ultrasemicircular con arrabá decorado con estrella de ocho puntas en relieve rupestre; capaz, al tiempo, de aprovechar sillares y formar tapiales para levantar la muralla en los tramos que hoy mejor se conservan, unos de comienzos del siglo diez y otros, los más, de hacia mediados del doce; o de erigir una mezquita a principios del once de la que son vestigios el arranque de su alminar y una arcada del patio, obra en ladrillo con siete vanos de herradura, más amplio, con alfiz y sin apuntar el central, luego transformado en el de medio punto peraltado que ahora vemos, apeados sobre cimacios y columnas de acarreo, que en el comedio y los extremos se adosan a machones. Junto con esta mezquita, que fue la mayor, la Carmona islámica debió contar con otras mezquitas que la tradición ha querido ver suplantadas en sus solares por iglesias, solución que puede ser viable en los casos de Santiago, san Felipe y san Blas, por distintos argumentos; a las que cabe unir otra, oratorio privado del alcázar Real que se convirtió al culto cristiano bajo la advocación de san Juan. Y en torno a ellas se desarrollarían sendos núcleos urbanos, más o menos conexos entre sí, dejando zonas baldías en las proximidades de la muralla, especialmente en el Palenque y el último citado alcázar; siendo el correspondiente a la mayor el centro de máxima actividad ciudadana, en el que se desarrollaría el apuntado mercado semanal. El tránsito en ellos se establecería a base de unas calles abiertas, cuya representante máxima sería el antes *cardo*, y otras cerradas, adarves que se clausuraban a la tercera hora nocturna y de cuyas embocaduras son recuerdo los arquillos. Por lo demás, señalar que los baños continuaron en san Bartolomé y que, a mediados del siglo noveno, se construyo un arsenal cerca del anfiteatro. Y, volviendo a la narración de al-Himyarí que nos dio pie para entrar en **Qarmuna**, apuntar la existencia de una cierta población extramuros: «esta misma muralla meridional -escribe- está horadada por una puerta llamada de *Yarni*, cuyo nombre proviene del burgo *Yarni*, no lejos de ella»; teniendo presente que tal puerta no puede ser otra que la desaparecida de Morón, el «burgo» debía estar en la encrucijada de caminos que suponía san Mateo, lugar caído en manos de Fernando tercero el veintiuno de setiembre de mil doscientos cuarenta y siete, festividad del santo.

A partir de ese momento y por capitulaciones que establecieron la entrega de Carmona en el plazo de seis meses, la villa pasó sin trauma a poder cristiano, conociendo un primer fuero en mayo del cincuenta y dos, repoblación definitiva justo un año después y rebelión mudéjar, como toda Andalucía, en mil doscientos sesenta y cuatro, si bien los pocos islamitas que quedaron en ella conservaron alcalde por tres décadas más, desapareciendo su huella con el siglo. Ya en el catorce, vendría la formación de señoríos a costa del término carmonense, sobre todo a partir de mil trescientos setenta y uno, en que los seguidores de Pedro primero fueron aniquilados, cuyo colofón serán los *pogroms* judíos a la vuelta de veinte años. Aún se percibe en el trazado urbano de Carmona el apartamiento de la comunidad hebrea, cuya comunicación con el exterior debió ser doble: con intramuros la una, en la calle Juan de Lugo, y con extramuros la otra, en la plazuela de José Arpa; judería que contó con un cementerio al sitio de Marruecos y con una sinagoga cuyo emplazamiento desconocemos, resistiéndonos a situarla en el solar de la iglesia de san Blas, como se pretende, puesto que en ella radicaba una cofradía formada por vecinos de su collación en los días del rey Pedro, protector de los israelitas, a la que pertenecía el propio monarca, según asevera el protocolo de sus reglas, fechadas a tres de febrero de mil trescientos cincuenta y tres. Pero tras el acoso y aparente derribo, los judíos son conversos que dejan la aljama y se disuelven por toda la villa, que, entonces, asistía al nacimiento del arrabal alrededor de su flamante ermita de nuestra señora de la Antigua, sobre la que se levantaría la parroquial de san Pedro, llamado a ser la gran zona de expansión, como lo demuestra el hecho de que a mediados del quince contara con el sexto de la población de la villa, un siglo después con más del tercio y en el último cuarto del dieciocho con la mitad larga; crecimiento que dio al traste con san Mateo como sitio poblado, parroquia y juradería, en su favor.

Fuente de los Leones. Alameda de Alfonso XIII

El primer núcleo del arrabal, en torno a la iglesia, pronto se fue alargando según las principales vías de acceso a Carmona por el oeste, tendiendo a concentrarse en suelos como los comprendidos entre la puerta de Sevilla y la ermita de santa Ana o la plaza de Abajo y la también ermita de san Sebastián; plaza de Abajo en contraposición a la de Arriba, focos comerciales de la villa; y ermitas a las que hay que unir, en el propio arrabal, la de santa María del Real y san Roque, alejada al cabo de la corredera, hoy calle Sevilla, más la rupestre de santa Lucía, san Antón y santa María de Gracia, luego, monasterio jerónimo, completando la nómina la de san Mateo al cambiar sus papeles con la de nuestra señora de la Antigua, ya iglesia de san Pedro. De ellas, alguna al poco de surgir, a lo largo de la segunda mitad del quince y primeros años del siguiente siglo, también terminaron en conventos: la de san Sebastián de franciscanos, la de santa Ana de predicadores y la de santa María del Real de franciscanas observantes, tomando el nombre de santa Isabel de los Angeles, situado en la propia plaza. En el arrabal se construyó una fuente, ampliada, en cierta medida, con la de los Leones, en tiempos de Juana primera; y no lejos de él se levantó el matadero público, en mil quinientos tres, y algo más retirado, en la zona del Cañaveral, se remozaron unos

Carmona en 1668, vista desde el oeste.

viejos mesones para mancebías, explotadas por los propios gracias al monopolio de la prostitución concedido por Isabel primera.

En la Carmona intramuros también se ocuparon nuevos solares, cada vez más próximos a la cerca, incluso alguno anejo a ella, así en la prolongación de la calle Cal de Parras, aunque por lo común queda una franja libre en sus inmediaciones, bastante amplia ante el alcázar Real por deseo expreso de la monarquía, que frenó, prohibiéndola, la urbanización de los baldíos del este, iniciada a partir de la plazuela de Juan Fagúndez; se construyeron las iglesias de santa María, Santiago, san Blas, san Felipe, san Salvador y san Bartolomé, cabeceras de otras tantas collaciones que, junto con la de san Pedro, constituyeron las siete divisiones administrativas modernas; se fundaron varios hospitales y dos conventos, los de santa Clara y Madre de Dios, ocupados por franciscanas clarisas y dominicas, respectivamente. Continúan en uso los tan citados baños, adquiridos por la villa a Francisco Fernández Chinchilla, a fines de mil cuatrocientos dieciséis; y la vida más activa de la zona siguió a lo largo y ancho de la Travesía, el viejo *cardo*, particularmente en las calles de los Oficiales y las Vendederas, lo mismo que en el centro comercial, administrativo y lúdico que era la plaza de Arriba o de san Salvador, entonces cuadrada, porticada y presidida por un gran olmo central.

Acuarela de P. M. Baldi.

El abismo que hay entre la restauración que Pedro primero propició al alcázar Real, embelleciendo lo que mandara fortificar Ibrahim b. Hayyay a principios del siglo décimo, y la destrucción que Isabel primera ordenó del alcázar de la Reina, en uno de octubre de mil cuatrocientos setenta y ocho, es ejemplo de la suerte que corrió el amurallamiento a raíz de su pérdida progresiva de eficacia táctica, apuntillada por el terremoto del viernes santo de mil quinientos cuatro, tan dañino para la generalidad de nuestra arquitectura. Por contrapartida, hay que apuntar la construcción del fortín artillero del Cubete, obra singular en lo militar español del último cuarto del siglo quince.

El resultado final de lo que va dicho fue un trazado urbano que superó, asumiéndolos, los vericuetos y aislamientos islámicos, cristianizándolos; pretendiente de una normalización como la que, en sentido lato, procuró el mundo romano con la trama que heredó, a lo pagano. Proceso que se perfiló, con cánones más estables, durante el siglo dieciséis; fenómeno que puede ser ilustrado por la formación de una parcela conventual en la zona intramuros, con su engullir edificios y vías públicas. Así el convento de Madre de Dios, que, un quinquenio después de su aprobación canónica, se trasladó a las casas de Juan de la Romera más la cuadra y patinillo anejo de las de Gonzalo de Andino, todo legado por éste, a la que las religiosas unieron por compra una finca inmediata, resultando el solar que hoy ocupa la nave de la iglesia, donde se asientan las dominicas desde el tres de noviembre de mil quinientos veinte; parcela que se quintuplicó con creces dieciséis años más tarde con la anexión de las casa de Andino en sí, otras cuatro de su propiedad y un «horno de pan cocer» con acceso por el callejón de los Toros, tras pleitear con las clarisas por las mandas testamentarias de aquél; luego vino la compra de la cárcel y de la parte que ahora es el coro, en mil quinientos cincuenta y cuatro; en el sesenta y seis, la permuta de las casas de la capellanía de Guiomar Rodríguez por un olivar del propio convento; y, en el ochenta, la inclusión de las casas de la contaduría, hasta entonces cedidas a Ana de Morales, con lo que se cerró el siglo y se encerró al citado callejón dentro de las tapias del monasterio. Ya en mil seiscientos seis, las monjas ocuparon el molino del Gato y las casas de Bartolomé de Ojeda y, en el cuarenta y tres, ocuparon, en violenta pugna con Rodrigo Caro, las también casas del vínculo de Antonio Merino, hasta su cesión definitiva en veintinueve de noviembre del sesenta y dos. A fin de cuentas, resultó una parcela de más de tres mil metros cuadrados. Puede que no contentas y en vista del éxito, en la segunda mitad del dieciséis, las dominicas abrieran un nuevo convento no lejos del tratado: el de santa Catalina de Siena, actual plaza de abastos.

A esta nueva fundación monástica había precedido, además de las reseñadas, una de carmelitas calzados, quienes sobre la ermita de san Roque, siguiendo la moda en el arrabal, levantaron su convento de nuestra señora del Carmen a partir de mil quinientos treinta y cuatro, pieza de interés urbano como límite de lo construido que fue, durante siglos, por la periferia occidental. El mismo tipo de interés supuso la ampliación de la iglesia de santa María, dado que desbordó y regularizó la manzana que, hasta entonces, la contenía junto con otros edificios menores, en cuya capilla prestamera se depositó el archivo municipal. Y dentro de este siglo dieciséis hay que anotar cómo el homogéneo caserío carmonense comenzó a poblarse de fachadas civiles monumentales, siendo la primera la de las casas de Ruy Gutiérrez de Hinestrosa, de la que apenas se conserva el retrato de Juan Martín Tamariz que la presidía. Dando como resultado la Carmona que, por orden de Felipe segundo, representó el artista flamenco Anton Van den Wyngaerde, en mil quinientos sesenta y siete.

En este punto no está de más hacer un inciso para detenernos, aunque brevemente, en la descripción de los primeros pasos documentados de una fiesta aún vigente en Carmona, la del *corpus Christi*, que, en el primer cuarto del dieciséis, contaba con la concurrencia de todas las fuerzas de la villa: clero, comunidades religiosas, cabildo municipal y corporaciones populares. Tal conmemoración comenzaba días antes de la festividad, en la iglesia de santa María, con el ensayo general de los coros y danzantes que, en su momento, formarían en el punto culminante de estas celebraciones que era la procesión, plagada de cruces parroquiales, estandartes y hachas de cera, cuya comitiva se abría con una tarasca que destocaba a quienes se embobaban mirando el espectáculo, alrededor de la que se movían las figuras extravagantes de «un espartero y una espartera», encargadas de dejar el paso expedito a los carros que seguían, conocidos entonces por el nombre de «castillos», en los que se mostraban escenas de la vida y milagros de Cristo, su madre y los santos; así las tentaciones de san Antonio, la lucha de David contra Goliat, los temas marianos de la salutación y de la visitación, los extremos de la vida de Jesús que suponen el nacimiento y la aparición a la Magdalena, más san Miguel, san Bartolomé y san Fernando; un décimo y último «castillo» era «la nube», aparatoso tablado rodante tirado por hombres que no fuesen negros, sobre el que se levantaba la tramoya de un cielo de algodón tachonado con astros de hojalata, escenario que transportaba a Cristo triunfante custodiado por «tres lanzas» ante un fondo con el sol y la luna, en torno a él María, los santos Domingo y Francisco y cuatro muchachos con guirnaldas de rosas y clavellinas, responsables de entonar los *Pange lingua* y *Sacris solemnis*, todos personajes de carne y hueso de un recitado cercano al teatro litúrgico que daría en el auto sacramental. Esta comitiva se cerraba con el desfile del arca con la sagrada forma bajo palio, cuyas varas portaban «los primeros votos de la villa», arca que fue sustituida por una custodia, primero de madera sobredorada y luego de plata repujada, obra de Francisco de Alfaro costeada por las parroquias hacia el último cuarto del siglo. La procesión partía y regresaba a la última iglesia citada, siguiendo un itinerario de juncia, tomillo, romero y otras aromáticas, decorado aquí y allá por el ingenio del vecindario.

Ya en el diecisiete, las pocas novedades urbanísticas del siglo fueron intervenciones puntuales, sobre todo intramuros, como las que dieron lugar a la formalización de la plazuela de Lasso, san Blas y santa María, la regularización de la Travesía ante el convento de santa Clara y mejora de sus accesos o la formación de nuevas parcelas monásticas. La plazuela de Lasso nació como picadero propiedad del mismo nombre; la de san Blas tomó la forma con que la conocemos merced a la ampliación de la vivienda ocupada por el marqués del Saltillo, título que había promovido la primera historia impresa de Carmona, obra de Juan Bautista de Arellano y mil seiscientos veintiocho; la plazuela de santa María alcanzó su aspecto actual con la edificación del convento de agustinas recoletas descalzas llamado de la santísima Trinidad y con la remodelación profunda de las entonces casas capitulares, hoy conocidas como de los Aguilar, ya al filo de la siguiente centuria. La Travesía se regularizó en el tramo de santa Clara por mor de la construccin del compás y esquina del mirador; y sus accesos se mejoraron, si cabe el término, con la rotura de las jambas de los arcos de la puerta de Sevilla hasta una altura conveniente al paso holgado de carruajes, por un extremo, y con el reforzamiento de la calzada de la puerta de Córdoba, por el otro. Nuevas parcelas monásticas fueron las de las ya citadas agustinas de la Trinidad, los carmelitas descalzos de san José y los jesuitas de san Teodomiro; resultando la última de un proceso de ampliación y posterior, total ocupación de una manzana cuyos límites quedaron definidos con el replanteo de un templo de nueva planta, sobre capilla dedicada al santo, que supuso desplazar los pies de ésta unas cinco varas, hasta encontrarse con el arroyo que atravesaba la plazuela a que se abría, y tres cada brazo del crucero, uno de los cuales procuró mayor amplitud a la calle del Salvador; el deslinde del solar necesario se realizó el ocho de junio de mil setecientos, dejándose plazuela y calle con las latitudes que aún conservan y cerrándose un proceder iniciado con la consolidación de las alineaciones del colegio adjunto a la iglesia, correspondientes a las ahora calles Conde de Rodezno y Sacramento, sensiblemente estrechadas por los regulares en mil seiscientos veintiuno y treinta y seis, respectivamente.

El hecho cierto de que el mantenimiento de la capilla de san Teodomiro -que, por extensión, dio nombre al colegio- le fuera encomendado a los jesuitas con división de opiniones pública y manifiesta del concejo, pone sobre el tapete las tensiones entre las fuerzas locales que, extemporáneamente y para simple entendimiento, podemos denominar moderadas y progresistas, encabezadas para el caso por Lázaro de Briones Quintanilla, alférez mayor, y Pedro de Hoyos y Escamilla, escribano público y de cabildo en mil seiscientos cinco, fecha en la que se dio la bienvenida a la Compañía de Jesús, gracias a la mediación de éste. Y es que en el momento que tratamos, tal santo se convirtió en el número uno de la religiosidad oficial carmonense, en detrimento de san Mateo, pasando a ser patrono principal de la villa por breve de Clemente octavo, para el que se logró el completo del círculo litúrgico con fiesta de precepto, octava, doble mayor y jubileo, en el último cuarto del diecisiete. Todo como consecuencia de haberse descubierto y reconocido como reliquias los restos de los mártires de Córdoba, entre los que se encontraron los del bienaventurado Teodomiro, natural de Carmona según el *Memoriale sanctorum*, circunstancia que, en pleno furor tridentino, obligó a solicitar y conseguir «un molledo o hueso del santo» por los buenos oficios de la familia Quintanilla, que, al cabo, pretendió monopolizarlo.

También en el ámbito contrarreformista hay que enmarcar un acontecimiento con proyección en la Carmona actual, que es la invención de la imagen de nuestra señora de Gracia, soterrada por «los antiguos godos» y «aparecida a un pastor» en mil doscientos noventa, según versión original del segundo cuarto del diecisiete; simulacro de estilo gótico remontable a los comienzos del catorce.

En otro orden de cosas, reseñamos la transformación de los baños medievales en coliseo y el abandono del alcázar Real, que, en sus postrimerías, aún sirvió de hospital y cementerio de apestados, habiendo sido, como fue, estación obligada en las ceremonias de proclamación y jura reales hasta Felipe cuarto; dejadez que corrobora, al obviarlo, el itinerario seguido por la comitiva formada por las de su sucesor, Carlos segundo, que, partiendo de las casas capitulares, enfiló las calles de la Iglesia Mayor y Palomar hasta dar en las casas de Antonio de Briones Quintanilla, alférez mayor y, por tanto, depositario del pendón, continuó por la plazuela de la Cilla de los Abades, calle de la Portería de santa Clara, compás de dicho convento, calle de la Orden y plaza de la Ciudad, título que le había sido otorgado a Carmona en mil seiscientos treinta, luego con derecho a dosel y señoría, bajando por la calle de los Oficiales al alcázar de la puerta de Sevilla y plaza del Arrabal, para volver por las calles de san Pedro, Lagares y Palomar, plazuela de la Cilla de los Abades y calle de la Orden a las casas capitulares.

Ciudad en la que los edificios notables formalizaron fachadas notables, escenario para unos actores, habitantes que tanto y tan bien representaban la comedia como la tragedia, el carnaval como la semana mayor, cara y cruz de una misma moneda de la vida. Aunque la puesta en escena de la pasión se quiso encorsetar reiteradamente, al menos en el papel y, sobre todo, a partir del ya citado Carlos segundo, para evitar el «escándalo» en las procesiones, prohibiéndose el uso de antifaz a quienes no fueren en ellas con penitencia de azotes o cruz a cuesta y obligándolas a recogerse antes que el sol, como medio para impedir las «descomposturas e incidencias» de los jóvenes «con ocasión de la obscuridad de la noche»; a lo que añadió Carlos tercero, ya en mil setecientos setenta y siete, la eliminación de las túnicas «indecentes» y la salida de disciplinantes, que, importándoles un bledo la expiación de sus culpas, sólo servían «de desprecio para los prudentes, de diversión y gritería para los muchachos y de asombro, confusión y miedo para los niños y mujeres», forzando a descubrirse el rostro a los perdoneros y, a ser posible, hasta la cabeza a los armados; y de las bebidas alcohólicas mejor no hablar. Si esto ocurría con la semana santa, qué decir del carnaval, tan útil para

Plaza del Mercado, del arrabal, hacia 1834. Dibujo de David Roberts.

mandar al cuerno todo tipo de tensiones, presiones y represiones sociales, en que las gentes se entretenían con anaranjeamientos, cencerradas y tascados, tan distantes de las actitudes de las máscaras con propiedad y decencia de los saraos para personas educadas, algunos incluso pagados a costa de los propios.

Con el siglo dieciocho Carmona se pobló de cúpulas y torres, en cuya construcción destacó la figura local del maestro albañil Andrés Acevedo Fariñas, examinador del gremio, mano derecha de su hermano José en la ejecución de la estructura de la cúpula que cubre la capilla sacramental de san Pedro y responsable único en el rematar las torres de san Bartolomé y Santiago, así como, siguiendo el modelo de la Giralda, adecuar la caña, remodelar el campanario y erigir los tres cuerpos que coronan la de san Pedro, inaugurada el veintiocho de junio del ochenta y cinco, cuando su azulejería rimaba con su colorido general, al uso del momento, aquél que Ponz calificaría de «chafarrinadas» sólo unos años después, apelación a un nuevo gusto que terminaría limpiando a la ciudad tras la invasión napoleónica, hasta llegar a las paredes blancas y las ropas negras a las que, bajo un sol de justicia, alguien achacó las frecuentes cataratas en los ojos de sus moradores. Pero ésta es ya otra guerra. Antes, vale la pena pasear por la Carmona que, en primero de noviembre de mil setecientos cincuenta y cinco, se vio azotada por el llamado terremoto de Lisboa

Matadero, San Pedro y Puerta de Sevilla, hacia 1834. Dibujo de David Roberts.

y, aprovechando el aumento de la renta de la tierra, remozó su arquitectura dejando la impronta dieciochesca por todas partes; sólo el maltrecho amurallamiento quedó fuera de esta fiebre constructora, conociendo derribos en el Postigo y junto a la puerta de Sevilla, si bien la de Córdoba fue reparada por José Echamorro a partir del año noventa y seis. La Carmona de mediados de siglo, habitada por más de doce mil quinientas almas, casi las quinientas eclesiásticas; extendida sobre poco más de un kilómetro cuadrado, con veintitrés solares, diecinueve cortinales y unos mil ochocientos edificios, la mitad de ellos en el arrabal, zona que vio articulados sus hitos extremos, representados por los ya conocidos conventos de santa Ana, san Sebastián y nuestra señora del Carmen y la fuente y matadero públicos, vértices de un polígono que, a lo largo del dieciocho y principio de la siguiente, devino en suelo urbanizado.

    Desde la mira contemporánea, hay que subrayar aquí cómo se ejecutó una alameda, en mil setecientos noventa y cuatro, inmediata a la antedicha fuente y marginal al polígono. Cierto que Sevilla, metrópolis y modelo a los ojos carmonenses de entonces, contaba con un sitio de ese tipo desde los días del conde de Barajas, y cierto que la propia Carmona tenía algún plantío de álamos, como el de la calzada de la puerta de Córdoba; pero, por las razones que fuesen, nuestra ciudad no poseyó un lugar de esparcimiento así hasta ahora, habiendo sido sustituida, en parte, tal carencia por las huertas de su ruedo y la fuente «circundada de poyos» de los Leones. La primera labor a que obligó la obra de la alameda fue el derribo de un muro de contención existente en el terreno elegido que, luego, se terraplenó, para por fin alargarse el paseo y ejecutarse una glorieta adosada; si a éstas tareas unimos unos álamos distribuidos regularmente en su perímetro y unos sencillos bancos alineados en el eje del paseo, más la erección de un obelisco coronado por el lucero símbolo de la ciudad al fondo de la glorieta, tenemos la primitiva alameda; a la que, en mil ochocientos cinco, se le añadiría la fuente Chica, obra de Bartolomé Vázquez de Pina. La misma que, con motivo de la exposición sevillana del veintinueve, conoció una remodelación que la llevó a ser la hoy de Alfonso trece.

Las multifuncionales plazas de Abajo y de Arriba también siguieron siendo lugares de expansión, obligados mentideros en ciertas festividades. La de Arriba, por ejemplo, más de una vez sirvió de marco a los esporádicos regocijos taurinos, accediendo a ella los morlacos a través de un largo itinerario que arrancaba de las dehesas, bajo la mirada selectora de los conocedores, pasaba por el campo abierto, se empalizaba en las inmediaciones del arrabal y, por lo común, esperaba en una corraleja instalada en la plazoleta de san Francisco el día señalado, en el que daba en la muerte siguiendo la Travesía, en el que daba en la plaza, en parte efímera para la ocasión: mundo de pies derechos y tableros que dibujaba el coso anteponiéndose al conjunto de casas fachadas abiertas por infinidad de balcones que, a modo de palcos, mostraban el espectáculo, entre ellas las casas de la esquina, mudéjar y antigua audiencia, obras del dieciséis, las del costado este, del mismo siglo y siguiente, o las del sur, levantadas sobre el solar de la iglesia de san Salvador tras su ruina y traslado definitivo. Porque con la expulsión de los jesuitas de los reinos de España, el colegio de san Teodomiro pasó a ser casa de pupilaje, pretendiéndose dar a su iglesia la parroquialidad de san Salvador, hecho que, incluso, se recogió en una real orden de dieciséis de abril de mil setecientos setenta y nueve, revocada de inmediato en este punto; pero, no bien resanada del terremoto y resentida la fábrica de la primitiva parroquial, sus cultos hubieron de trasladarse al cercano convento de Madre de Dios, para una nueva reforma arquitectónica que, en definitiva, no soportó, hundiéndose en la prueba a que fueron sometidos sus cimientos; después de «cinco años y diez días» de permanencia en el monasterio dominico, su santísimo sacramento correspondiente se llevó a san Teodomiro, en veinte de abril del ochenta y tres, pasando a llamarse real iglesia del divino Salvador.

Una última curiosidad del siglo dieciocho fue el montaje de una línea de telégrafo óptico entre Madrid y Cádiz, la que contó con una torre en el Picacho, útil de mil ochocientos a mil ochocientos ocho.

La tensión entre el continuismo y la innovación dio, en la Carmona decimonónica, una de cal y otra de arena, por lo pronto, ejemplificable en el periodo que va de la invasión napoleónica a la desamortización eclesiástica, de la junta de defensa a la compraventa de bienes nacionales. Una de cal como la literalmente recogida en «la ciudad limpia y blanca» que adjetivó Richard Ford, surgida al calor romántico del primer cuarto del nuevo siglo, hoy tópico de turistas. Y otra de arena como el túmulo levantado para las honras y exequias de María Isabel de Braganza, María Luisa de Borbón y Carlos cuarto, que, hachón más o menos, fue el mismo, obra del carpintero Joaquín Alcaide y el pintor y dorador su tocayo Caro, deformación de la acostumbrada «pompa y suntuosidad» que, siglos antes, había dado resultados tan exquisitos como el monumento funerario para la ocasión de Ana de Austria, ejecutado por el escultor Juan Bautista Vázquez y el pintor Gonzalo Pérez.

Llegada la desamortización, en lo tocante a la arquitectura urbana trajo consigo el cambio de uso y la consecuente readaptación de algunos edificios hasta entonces en manos eclesiásticas, ahora civiles. Los incautados en el mes de marzo de mil ochocientos treinta y siete que pasaron a titularidad pública, total o parcialmente, fueron los más afectados en este orden, así el convento de santa Catalina de Siena se convirtió en plaza de abastos, según proyecto de Ramón del Toro; el de san José en cárcel, escuela y casa de vecindad; y el de santa Ana en locales industriales y cementerio, cuyo primer reglamento de régimen y gobierno fue aprobado en el año cuarenta, prohibiéndose «por punto general» los enterramientos en las iglesias. Si a todo lo que va dicho agregamos la plantación de naranjos en las plazas de la Constitución y del Arrabal tenemos la Carmona representada en el plano «geométrico» de mil ochocientos sesenta y ocho, primero que recoge el trazado completo de la ciudad, manzana a manzana, para cuyo levantamiento, realizado por García Pérez a escala mil doscientos cincuenta, se contó con un trabajo de campo sintetizado en las plantas y perfiles de cada una de las calles, individualmente y con distinción de sus límites parcelarios en la alineación de fachadas; esta ingente labor tuvo como precedente conocido la planimetría que, en mil setecientos ochenta, dirigiera Fernández Angulo para mejorar el acceso rodado a la ciudad, donde ya se contempla la Travesía con sus bocacalles y un par de núcleos del arrabal. Mejora del acceso que *à la dernière*, en el último cuarto del diecinueve, de nuevo intentó derribar la puerta de Sevilla, quedándose el asunto en el hundimiento del llamado arco de Felipe segundo que le precedía, para lo que se alegó ruina inminente.

Pilar de la Alameda, hacia 1928. Foto E. R. C. *Dubois*.

La Ciudad Antigua desde el Real, hacia 1928. Foto E. R. C. *Dubois*.

Paseo hacia 1928 (entonces *Príncipe de Vergara*). Foto *Dubois*.

Alameda de Alfonso XIII, hacia 1928. Foto *Dubois*.

Pero acaso lo más notable en el urbanismo carmonense del diecinueve, sobre todo por sus consecuencias futuras, sea la implantación del ferrocarril, tarea que supuso un importante tira y afloja entre las administraciones central y local: la línea férrea de Sevilla a Córdoba se inauguró el cinco de marzo de mil ochocientos cincuenta y nueve, habiendo pasado tal cual de la categoría de proyecto a la de obra definitiva, sin servir para desviarla presiones con argumentos topográficos, mercantiles o de cualquier otro orden; nada pudo cambiar el curso de un tiralíneas que, conforme al presupuesto menos gravoso, comprometió la vida de muchos lugares. Carmona, tras fracasar en el intento de atraer la línea y, más tarde, lograr que en Guadajoz se estableciese una estación para su servicio, soñaba con poseer un ramal que le uniese con aquel punto, pero el proceso fue laborioso, no consiguiendo hasta febrero del sesenta y cinco que la compañía Córdoba-Sevilla suscribiera el compromiso de «presentar inmediatamente al gobierno un proyecto de ramal» a cambio de poderlo «explotar con locomotora»; por fin, acabando el año siguiente, dicha compañía -que en el ínterim había pasado a poder de la Madrid-Zaragoza-Alicante, controlada por los Rotschild se obligó a ejecutar los trabajos oportunos en el plazo de seis meses, previa cesión municipal de los terrenos necesarios, viniéndose a situar la estación inmediata a la trama urbana, paralela y al norte del arroyo del Cuchillo. Carmona, además, desde aquellos años sesenta contó con el popular tren de la vega, que procedente de Alcalá y bordeando los alcores desembocaba en un paradero algo alejado de la población no ya, como era común, por razones de estricto extrañamiento urbanístico, sino por imposiciones del terreno.

Junto al ferrocarril hay que mencionar a «sus inseparables telégrafos», porque aunque en nuestro medio su tendido fue anterior, incluso, al ramal de Guadajoz, la dirección general del cuerpo replanteó la red de la zona abandonando, conforme a los tiempos, el trazado de la carretera para seguir el del flamante ferrocarril a Córdoba; así las cosas, la ciudad se vio oficialmente sin línea telegráfica y socialmente obligada a replantearla, decidiéndose por una tipificada como municipal de servicio limitado, aprovechando en lo posible el material desmontado de la antigua, lo que supuso la «instalación y entretenimiento» del tendido y de la estación, ahora ubicada en los bajos de las casas capitulares, trasladadas al primitivo colegio jesuítico en julio de mil ochocientos cuarenta y cuatro.

Por último, en febrero del noventa y siete, Carmona se enganchó al alumbrado eléctrico, gracias a la fábrica modelo Excelsior instalada por José María Atienza en la harinera local.

Desde entonces acá, la evolución urbana que seguimos se

acelera progresivamente, sobre todo a partir de los años cuarenta del presente siglo, haciendo cierto lo que fue pena para Baudelaire: «*le forme d'une ville* -había escrito- *change plus vite, hélas, que le coeur d'un mortel*». Antes de esta última fecha, Carmona se extendió mínimamente hacia la estación ferroviaria del ramal de Guadajoz, por el noroeste, y hacia la alameda, por el suroeste, estableciéndose alguna que otra industria en la periferia, cerca de las principales vías de acceso. En mil novecientos cinco, de nuevo se había intentado abatir a la puerta de Sevilla y, por contra, en la década de los veinte, se remozaron las plazas de san Fernando y del Arrabal, ya paseo del príncipe de Vergara, así como la citada alameda, ejemplo de un plan de renovación del aspecto general de la ciudad, atropelladamente concebido al calor de la exposición iberoamericana; en alguna medida, la Carmona resultante fue la divulgada por las tarjetas postales de Eduardo Rodríguez Cabezas, fotógrafo que popularizó el pseudónimo de Dubois. Luego vendría la expropiación de las viejas posadas al cabo de la calle de san Pedro, asoladas con el fin de erigir un teatro sobre los más de seiscientos metros cuadrados resultantes, en los que se incluyó la calle de los Mesones; superficie que el ayuntamiento cedió gratuitamente a Bernardo Enrique Cerezo, quien se comprometió a darle el uso previsto, encargando el proyecto de construcción a Julián Otamendi, bajo cuya dirección y la de su colega arquitecto José Enrique Moreno comenzaron las obras a fines del treinta y uno, actuando como aparejador Emilio José Ramos y contratista Roberto Aleu; los trabajos terminaron en otoño del treinta y cuatro, formalizándose con el ecléctico edificio del teatro y sus anejos el cierre y enlace entre el paseo y la alameda. Paseo que, desde el segundo tercio del siglo diecinueve, sirvió de pórtico a la abrileña feria de ganados, desarrollada a lo largo de la calle Sevilla y zona del Carmen; porque, aunque Carmona contó con privilegio para montar un mercado anual, con idénticos derechos que Medina del Campo, desde mil cuatrocientos sesenta y seis, dado por el infante-rey don Alfonso y ratificado, tres años más tarde, por don Enrique cuarto, no pudo con la pujanza de Guadajoz y dejó de convocarlo a partir de mil cuatrocientos sesenta y uno, tras la treta suicida de cambiar su celebración de mayo a setiembre, para reaparecer con nuevo carácter casi cuatrocientos años después. Paseo, alameda y plaza, los dos primeros vinculados a los orígenes del cinematógrafo local, fueron los lugares de expansión preferidos por los algunos más de veintidós mil habitantes que poblaron la ciudad de entonces.

  Con el decreto de tres de junio de mil novecientos treinta y uno llegó la panacea en forma de declaración de monumentos y conjuntos histórico-artísticos que, todavía y como parte de los bienes de interés cultural, sigue dando coletazos, no sabemos si para bien o

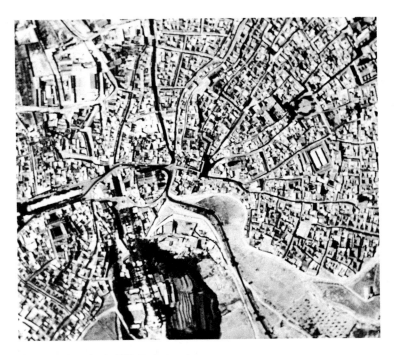
El casco antiguo, hacia 1957. Vuelo Americano.

para mal, cuando menos, por lo que respecta a nuestro ámbito; en este año fueron investidos como tales monumentos la puerta de Córdoba y el alcázar Real, la iglesia de santa María y la necrópolis romana; igualmente, en el sesenta y dos lo fue el museo arqueológicos de dicha necrópolis; en el sesenta y tres, las ermitas de san Mateo y san Antón, la iglesia y torre de san Pedro, el convento de Concepción, los restos de la vía Augusta y el puente «romano», cuya vinculación con el imperio está hoy muy en duda, si no descartada, monumentos a los que se unió como conjunto la Carmona intramuros, y en el ochenta y tres la casa de san Ildefonso uno y la iglesia del Salvador. Con anterioridad a todo ello, en mil novecientos seis, había sido declarada monumento la puerta de Sevilla. Nómina que, mal entendida o bien aprovechada, propició torpes vivisecciones urbanísticas y desafortunadas propuestas arquitectónicas.

    La progresiva colmatación del suelo tradicionalmente urbano, el crecimiento demográfico y, más adelante, las nuevas exigencias sociales hicieron que los límites de Carmona se desbordasen desde fines de los cuarenta, con el trazado pionero del paseo de san Antón en dirección suroeste, como prolongación hippodámica de la calle

Real, al que casi se engarzaría el Real de la feria. Es el momento de la aparición de Hytasa y otras industrias en torno a la antedicha estación ferroviaria. Pero, con todo, la expansión decisiva vino con el desarrollismo de los sesenta, década que se abrió con un censo superior a los veintiocho mil habitantes, máximo absoluto de la ciudad, cerrándose con un saldo emigratorio de casi ocho mil; un rasgo clave de este momento es, sin embargo, la demolición: el derribo de las casas adosadas e inmediatas a la puerta de Sevilla, calificadas de «postillas» e «ingrata corona de espinas y de tristezas» por su propulsor, el retranqueo del Angostillo y margen derecha de la calle san Pedro, desde la iglesia al teatro, y la desaparición del paseo todo en aras del tránsito rodado por la carretera nacional cuarta, circunstancia que, en más de una ocasión, se ha pretendido justificar con falsos argumentos históricos; cuando lo histórico es el error cometido, al que cabe unir la construcción de un parador nacional de turismo en el alcázar Real. Volviendo al crecimiento, hay que reseñar la edificación de una unidad vecinal de absorción, popularmente conocida como barrio de la Guita, y de las barriadas Virgen de Gracia y la Paz, ésta ya en los setenta, comenzando hacia el setenta y cinco el fenómeno de la autoconstrucción, responsable de la ocupación de zonas como Villarrosa, Quemadero de san Francisco o Calera de Benítez.

Hasta el momento, unas obsoletas ordenanzas municipales y las cortapisas propias de la declaración de conjunto, para el recinto amurallado, rigieron en el urbanismo carmonense. Total nada, ningún tipo de planeamiento. Así, los resultados fueron unidades arbitrarias e inconexas entre sí, muchas de ellas con el agravante de clandestinidad, tan generalizado en la época para infinidad de menesteres, hecho que acarreaba la falta de infraestructuras básicas.

En mil novecientos ochenta se puso en marcha la redacción de unas normas subsidiarias del planeamiento municipal, aprobadas con carácter definitivo el diecisiete de noviembre del ochenta y tres, que han supuesto y, mientras no se revisen, por mucho que se percheen, suponen un marco de actuación urbanística útil para organizar la ciudad presente. En ellas se recogen casi doscientas cincuenta hectáreas de suelo urbano y unas noventa de urbanizable, la mitad de éste para uso industrial, en dos núcleos: uno para empresas preferentemente agropecuarias, al suroeste, y otro para industrias no pesadas, al noroeste; se facilita el crecimiento residencial en dirección norte y la consolidación de Matahacas, Almendral y otros sectores del sur, próximos al borde de los alcores; se proponen zonas verdes a lo largo del escarpe y puntos concretos como el entorno del anfiteatro romano; y se amplia el conjunto histórico-artístico hasta los límites del plano de mil ochocientos sesenta y ocho, con su correspondiente plan especial de protección.

Pese a todo, la Carmona de ahora mismo es una ciudad a la que, día a día, se le envejecen y mueren los habitantes y el caserío intramuros, mientras se le rejuvenece el arrabal, sobre todo hacia la periferia, en la que están en boga las viviendas unifamiliares de autoconstrucción y plurifamiliares de promoción privada y protección oficial, generalmente con cuatro plantas. Un hilo de emigración, casi siempre por razones profesionales y en muchas ocasiones a la capital de la provincia, hace que su crecimiento demográfico actual sea prácticamente nulo. Prueba de todo esto puede ser el que las asociaciones ciudadanas se bipolaricen conforme a su antigüedad, así la mayoría de las cofradías de penitencia radican intramuros, mientras que las peñas culturales y recreativas en el arrabal, quedando las asociaciones vecinales para la periferia.

II. MEMORIA DE LOS EDIFICIOS

SAN PEDRO

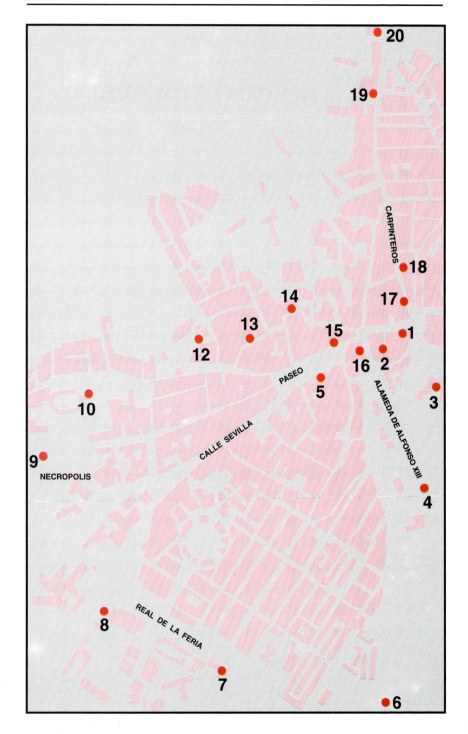

SAN PEDRO

Iglesia de san Pedro. 1 [6-E]

Carmona contó desde la reconquista con siete parroquias o collaciones, seis intramuros y una séptima fuera del recinto murado, primero en san Mateo y luego en 1466, ya bajo la advocación de san Pedro, en la ermita de la Antigua, cuyas referencias documentales la remontan a 1371. Lo reducido del espacio recomendaría la sustitución del primitivo edificio por el actual.

Levantado en fecha avanzada del siglo XV a base de piedra y ladrillo, de acuerdo con la consabida planta basilical característica del mudéjar sevillano, posee tres naves de cinco arcadas ojivales sobre pilares rectangulares, con columnas adosadas al intradós en cada crujía, además de crucero cubierto con cúpula, fruto de las reformas del siglo XVIII. Sin embargo, las intervenciones puntuales se sucedieron con relativa frecuencia. Así por ejemplo el manierismo dejó la media naranja sobre pechinas con decoración casetonada de la capilla de la Merced y el gran ventanal de la torre. A pesar de ello, sería en el siglo XVIII cuando quedase en gran medida configurado con el aspecto habitual hasta el desafortunado incendio del 2 de diciembre de 1984, pues si bien en 1728 el carpintero Miguel González se comprometía a fabricar una techumbre de madera para el lado del evangelio, parece que el terremoto del día de todos los santos de 1755 debió arruinarlo por completo, motivando que en 7 de julio de 1760 se aprobasen las necesarias reformas. Se iniciaron por las cubiertas, con el empleo del cañón con lunetos en la central y las bóvedas de arista en las laterales; se continuó por el transepto, con el aludido casquete hemiesférico y por el presbiterio de testero plano; tareas que se han venido adjudicando indistintamente, y quizás por mero capricho, a Ambrosio de Figueroa, a Diego Antonio Díaz y a Antonio Matías de Figueroa, cuando en realidad, en todo caso, estos arquitectos se limitarían sólo a reconocer las obras en nombre del arzobispado, de modo que sus aportaciones tanto en lo referente a las trazas, cuanto en especial al alzado, hubieron de ser escasas o nulas.

Al primero de ellos se le ha identificado con el autor de la capilla sacramental, versión local de la sevillana iglesia de san Luis de los franceses, noviciado de la Compañía, donde Leonardo de Figueroa, padre del supuesto tracista, fusionó la planta de cruz latina con la centrada, esta última tradicionalmente asociada a la idea del templo de Salomón en Jerusalén; nada más a propósito para un lugar destinado a acoger el arca de la nueva alianza. Pero el verdadero problema surge al documentarse José Acevedo Fariñas como el maestro encargado de cubrirla con la ayuda de su hermano Andrés, sucesor en 1782 en la dirección de las obras de la fábrica parroquial, a quien le cupo la honra de concluirla y luego dedicarse a la torre, por

SAN PEDRO

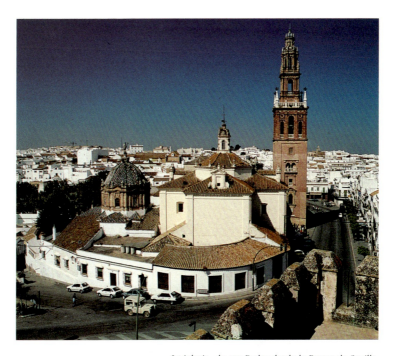

La iglesia de san Pedro desde la Puerta de Sevilla.

lo general relacionada sin fundamentos con el segundo y con el tercero. En ella acabaría encontrando el camino de su propia arquitectura, a través de la férrea disciplina que en materia artística exige la réplica; porque la torre de san Pedro no es más, ni menos, que una copia reducida de la Giralda, entendiendo el término no como un simple cambio de escala sino como un mantenimiento de la proporción con lenguaje barroco. Su trabajo en esta parte del edificio consistió en acomodar lo existente -la caña del siglo XVII, el campanario de comienzos del siglo XVIII- al nuevo proyecto y sumarle los tres cuerpos que la rematan. A la vista de los resultados, su mayor acierto supone el uso plástico de los materiales, en base al rojo del ladrillo, al azul del azulejo y al blanco de la piedra caliza. Suyas podrían ser también las tres portadas de la iglesia, a la que quedaría unido en la vida y en la muerte, pues en ella se bautizó el 13 de abril de 1753, en ella se casó con la utrerana Dionisia Abadía la pascua de navidad de 1774, en ella trabajó y bajo las gradas de su altar mayor recibió sepultura el 2 de enero de 1787.

Pero las reformas y restauraciones no iban a concluir con el siglo XVIII, puesto que en la siguiente centuria se remozaron algunas partes

e incluso se añadió la capilla del beato Juan Grande, carente de la magnificencia y del significado artístico de sus antecesoras. Por lo que respecta al siglo XX, le ha correspondido la misión de legarlo a las generaciones futuras, en la medida de lo posible, tal y como lo recibió. Con ese criterio conservacionista se ha limitado a resanar las heridas del tiempo y en fechas recientes las producidas por el mencionado incendio. Hace poco se ha sustituido el viejo giraldillo (obra de Francisco de Acosta en 1783, dorado por José Valdés en 1785 junto con las azucenas de la propia torre) por otro nuevo, debido a Alfonso Berraquero.

El presbiterio se halla presidido por un baldaquino neoclásico de mármol blanco de Carrara levantado en 1880. En él se venera la virgen de la Antigua, escultura romanista del círculo de Roque de Balduque, supuestamente restaurada por Juan de Astorga a comienzos del siglo XIX, bajo cuyo patrocinio se fundó la hermandad de las Ánimas en 1567 con la finalidad de dar entierro a sus cofrades.

Por desgracia, el retablo mayor se perdió en el incendio. Estaba construido con elementos procedentes de otros anteriores cuyo interés se centraba en la imaginería: la talla protobarroca del titular, entronizado y revestido de pontifical, las de los apóstoles Andrés y

Santiago, del siglo XVIII, más la virgen del Carmen, perteneciente a la extinta hermandad del santo escapulario. Resulta penoso ver ese muro despojado del menor adorno, sobre todo si se piensa que Carmona ha sido en los últimos cincuenta años la cantera de donde han salido la mayoría de las piezas destinadas a suplir los vacíos de la diócesis. Es de esperar que ante un monumento de semejantes características se proceda con semejante generosidad.

Preside el testero del evangelio un altar de hacia 1760, próximo al estilo de Tomás Guisado, quien en 1765 concertó el principal de la parroquia. Cuenta con imágenes coetáneas del diácono y mártir san Lorenzo y de la Magdalena, si bien el señor cautivo instalado en el camarín central, pensado para albergar un estandarte mariano, es de fábrica y por tanto carente del menor interés artístico. No así el san José, atribuido a Montes de Oca, que preside el altar del crucero -de mediados del siglo XVIII-, el cual lleva vara florida de plata, niño revestido con brocados de la época y sierra argéntea en sus manos, santificación del trabajo manual que constituye todo un alegato del vecindario y la esencia misma del «siglo de las luces», máxime en un barrio de suyo menestral. En los repisones laterales se veneran los bienaventurados Antonio de Padua y Cayetano de Nola. A los lados del retablo, dos tablas muy oxidadas con los apóstoles de comienzos del siglo XVII.

Junto se encuentra el altar de estípites con medalla superior de la santa cena sobre la virgen del Rosario, del siglo XVII, de gran mérito y devoción entre los carmonenses de antaño, pues fue titular de la imperial cofradía establecida en el extinto convento de santa Ana, fusionada en 1865 a la del dulce nombre de Jesús, fundada en 1502, cuya imagen aparece emparejada con san Marcial de Limoges. Luego se encuentra el salomónico, vinculable a los Barahona en torno a 1690, con la expresiva Dolorosa esculpida, muy probablemente por Montes de Oca, hacia 1730, bajo el relieve de la imposición de la casulla a san Ildefonso. A continuación, el tabernáculo tardobarroco con nuestra señora de Gracia. Pasado el cancel septentrional se abre el baptisterio, presidido por una pintura del bautismo de Jesús. En este recinto estuvo el relicario metálico de san Teodomiro, construido entre 1609 y 1613 en forma de pináculo. A lo largo de la nave en los pilares existen cuadros del beato Juan Grande, san Jerónimo penitente, la coronación de espinas, el descendimiento, Cristo ante Pilato y, en el muro la Magdalena ungiendo los pies a Jesús, más el pequeño con el rescatado de los muchos existentes en los templos por donde pasó el simulacro en su traslado a Madrid. A los pies se ubica la capilla de Ánimas, con retablo para el simpecado procesional del rosario de nuestra señora de la Antigua, al que debían vincularse todos los inscritos en la corporación; de él se conserva todavía en la sacristía su

pintura: un óvalo donde un maestro afín a Domingo Martínez copió el famoso icono medieval de la catedral sevillana. Hace unos años, tan notable pieza de bordado se reemplazó por el san Antonio de vestir labrado por Gaspar Ginés en 1630 con destino al antiguo convento franciscano de san Sebastián, el cual en la actualidad aparece junto a una santa Lucía del siglo XVIII, procedente de su ermita.

En el trascoro, a ambos lados de la puerta de poniente, bajo la tribuna con los restos calcinados del interesante órgano barroco se halla un lienzo del siglo XVIII con el carmelita calzado fray Diego de León, obispo de Columbria, quien, al parecer, consagró la iglesia del extinto convento del Carmen el 24 de febrero de 1583. A los pies, en el lado de la epístola, el crucificado de la Buena Muerte, de papelón, antes en el altar mayor, incomprensiblemente salvado del fuego. Del convento del Carmen procede también el siguiente altar ya en el muro de la epístola construido con elementos barrocos y tardorrococós, en el que aparecen las tallas de vestir del profeta Elías y de san Francisco Solano, sevillanas de hacia 1700, y en el banco la urna con el cristo yacente de fines del siglo XVI, que junto con la primitiva Soledad fueron venerados por la antigua cofradía penitencial del santo entierro. En el camarín, la santa Ana titular de los dominicos de Carmona.

Tras el cancel meridional con motivos barrocos de inspiración mudéjar, marcando el tránsito a un patio interior ajardinado con cruz renacentista de piedra, se accede a la capilla de la Merced a través de una elegante reja de 1576, provista de leyenda indicativa de su vinculación a la familia de Martín Alonso Selada. En ella se ubican tres altares, de los cuales los dos laterales, del siglo XIX, se consagran a santa Filomena y a san Luis Gonzaga, mientras el principal, obra de Francisco de Ocampo en 1617, sirve de trono a la titular, escoltada por los bustos pintados de santa Teresa de Jesús y de san Juan de la Cruz en el banco, más los relieves con el bautista, san Martín, san Francisco de Paula, san Carlos Borromeo -en el primer cuerpo- y la imposición de la casulla a san Ildefonso, entre san José con el niño de la mano y santa Ana dando de leer a María en el ático. Un encargo, sin duda favorecido por el prestigio del maestro de Villacarrillo en Carmona, tras la entrega del nazareno de san Bartolomé, circunstancia que igualmente había propiciado siete años antes la construcción del retablo mayor de esta parroquia en colaboración con Diego López Bueno y Blas Martín Silvestre. Luego, el tabernáculo de estípites con la devota efigie del Jesús de la humildad y paciencia, probablemente esculpida hacia 1740 por Montes de Oca, a la que rodean cuatro ángeles virtudes de José de Arce con atributos de la pasión. A continuación se sitúa la capilla consagrada a un antiguo acólito de esta iglesia: el beato Juan Grande, futuro patrón de la diócesis jerezana, cuya imagen del siglo XIX preside el recinto. A su derecha, protegida por un cristal, se encuentra la pila bautismal con pámpanos en relieve, vidriada en verde por Juan Sánchez Vachero en los albores del siglo XVI, donde, a poco de su estreno lo acristianaron, lo mismo que a la madre de santa Rosa de Lima.

De nuevo en la nave, el retablo tardobarroco con relieve coetáneo del purgatorio en el ático y la vitrina reformada durante el periodo rococó para albergar al expirante crucificado de Ánimas, de tamaño académico, concertado con Martín de Andújar el 13 de mayo de 1632 con destino al altar que por aquel entonces labraba Luis Figueroa a la hermandad.

Inmediata a este conjunto se encuentra una portada-retablo, concebida a modo de arco triunfal con la apoteosis del santísimo sacramento bajo las figuras de la Fe, hoy desaparecida, la Esperanza y la Caridad, de fines del siglo XVIII. Está cerrada por una reja de forja de 1834 y anuncia el tránsito a la capilla sacramental, en la que, al entrar, ya en el muro del evangelio, se aprecia un medallón del siglo XVIII con la santa cena, debajo de la alegoría eucarística del amor, frente al ave Fénix, en escultura de bulto sobre el relieve del maná. Al fondo, cobijado por un amplio doselón pendiente de una corona entre revuelos de serafines, el retablo principal, en cuyo camarín, con subida a través de escalera decorada con buena porción de azulejos de cuenca del siglo XVI, aparece la Inmaculada, esculpida durante el primer tercio del siglo XVII por un maestro anónimo. Al círculo de Benito de Hita y Castillo pertenecen las efigies de san Joaquín y santa Ana, padres de María, quienes la adoran desde sus respectivos repisones. El manifestador se reserva al niño Dios, de igual fecha, lo mismo que los relieves de las calles laterales con la vocación de san Pedro, el arca de Noé, Moisés recibiendo las tablas de la ley, el bautismo de Jesús, santa Bárbara y santa Clara de Asís. En el intradós de la bóveda, el Padre Eterno. El retablo correspondiente al crucero del evangelio se consagra al bautista entre san Francisco de Asís, san Diego de Alcalá y san Cristóbal en el ático, frente al también tardorrococó de san Teodomiro mártir, con san Felipe Neri, santa Gertrudis la magna y el jesuita san Francisco Javier, en el cuerpo superior. En esa línea se encuentran las cuatro hornacinas de los machones: la sureste, con un san Francisco de Paula de vestir, de fines del siglo XVIII; la nordeste, con una santa Bárbara revestida con brocados de la época; la suroeste con san Cayetano y la noroeste, con san Juan Nepomuceno, rematadas por los arcángeles Miguel, Rafael, Gabriel y el ángel de la guarda, plásticamente influidos por la obra de Hita y Castillo.

Pero las rocallas no se limitan a los altares. Se prolongan por la concavidad de su espacio, subrayando los elementos constructivos,

Arcángel san Miguel.
Tambor de la cúpula.

Intradós de la cúpula.

Retablo de san Juan Bautista.   Retablo Mayor. Inmaculada.   Retablo de san Teodomiro.
Capilla Sacramental. Iglesia de san Pedro.

creando una atmósfera luminosa y envolvente que diluye los perfiles, que difumina los contornos, que desmaterializa las formas. Así, en el tambor definen ocho nichos, de los cuales cuatro son para los evangelistas, y los otros cuatro para los santos padres de la Iglesia latina, alternados entre sí.

El vasto programa iconográfico e iconológico de exaltación a la eucaristía se completa en la cúpula con el ángel de las escuelas, el profeta Elías, san Benito abad, san Bernardo de Claraval y san Nicolás de Bari, en el intradós; los tonos inmaculistas de las tejas vidriadas, los cuatro paños cerámicos con los arcángeles y la figura de la Iglesia triunfante, en el trasdós. La capilla quedó inaugurada el 25 de mayo de 1797, cuando se entronizó el santísimo sacramento, tras solemne procesión con asistencia de la ciudad.

De vuelta a la nave y repartidos por ella contemplamos los lienzos del siglo XVIII con el santo entierro, la resurrección, Jesús caído y santo Domingo penitente, todos ellos de una estética ingenua y popular, llena de frescura y espontaneidad. En la cabecera un tabernáculo de estípites de mediados del siglo XVIII con san Miguel y san Rafael servía de trono al la virgen de la Antigua. Sin embargo, el conjunto ha sido alterado en los últimos tiempos; la titular ha sido llevada a la capilla mayor y su tradicional emplazamiento ha sido ocupado por el príncipe de los apóstoles. Hasta el incendio, seis lámparas de plata, en su mayoría de los siglos XVIII y XIX, se repartían por diversos puntos del templo, si bien tres de ellas, por pertenecer a la mencionada corporación, ardían ante sus imágenes, lo mismo que las dos de la Humildad, vinculada al gremio de curtidores desde su constitución en 1604.

En el crucero cabe señalar los púlpitos con escaleras y tornavoz ejecutados a comienzos del siglo XVIII, pues consta que fueron dorados en Carmona entre los años 1715 y 1717 por José Pérez y Sebastián Soto. Junto a ellos hay un par de retablitos de estilo rococó a los que no se les ha devuelto su imaginería: la Purísima Concepción y el crucificado, este último con vara de plata para encabezar los cortejos de Ánimas. A cambio, en el del evangelio, una María Auxiliadora de molde, y un crucificado sobre peana en el de la epístola. Completaban su decoración las yeserías polícromas, las tarjas de las pechinas con bustos en relieve de los evangelistas y los frescos con alegorías en la cúpula y pilares, prácticamente desaparecidos, de los cuales se han dejado testigos en la reciente restauración. Muy interesante es la sillería protobarroca del coro exento, donde también destaca el facistol del siglo XVIII.

En la sacristía, comunicada con el presbiterio y con la cabecera de la epístola, sobresalen sus puertas, el altarito de rocallas con un crucifijo coetáneo y los óleos sobre tabla de los santos Andrés y Santiago, de hacia 1610, que como los de sus compañeros, instalados en el brazo izquierdo del crucero, formaron parte de un retablo desaparecido, restaurado en 1845. También en la sacristía, seis lienzos del siglo XIX, con pasajes de la vida del beato Juan Grande, muy populares.

Pero las riquezas de este templo se ven considerablemente aumentadas por la notoria cantidad de piezas de orfebrería que posee. De ellas citaremos entre las góticas de los albores del siglo XVI, la manzana de una cruz parroquial y un copón de plata sobredorada con el pie octogonal, vástago prismático con cabujones para esmaltes en el nudo y un calvario, mientras por detrás presenta la inscripción IONNES CASTELLUS... A XIMÉNEZ», un castillo y tres lises. De mediados de siglo es un ostensorio con la base estrellada y el macho de sección poligonal. A la segunda mitad corresponde la cruz plateresca y ya de fines el copón con la marca M.S., el resto de una cruz dorada y una bandeja de metal con la leyenda: AUS NOT HIL GOT. De comienzos del siglo XVII son un cáliz decorado con cartelas y un copón manierista. A la segunda mitad se deben un acetre, un par de pértigas y, ya de los últimos años, un incensario. Bastante más numerosas son las piezas

Cruz parroquial.

Custodia procesional.

realizadas en el siglo XVIII. De sus inicios tenemos: una cruz; dos portapaces dorados con san Pedro revestido de pontifical en medio de columnas salomónicas; tres sacras de plata; seis candelabros; dos crismeras y un incensario. Algo posteriores, aunque de la primera mitad, pueden considerarse dos atriles y el relicario del *lignum crucis*. Entre las pertenecientes al periodo rococó citaremos una cruz y una bandeja con la reseña: SOY DE LA HERMANDAD DEL SEÑOR SAN JOSÉ EN LA PARROQUIAL DEL SEÑOR SAN PEDRO. CARMONA, AÑO 1789; fecha a la que así mismo pertenece una demanda del cristo de la Buena Muerte, labrada en los talleres sevillanos de Juan Ruiz y García, respectivamente; un ostensorio sobredorado de García y Osada; una naveta de Ramírez; una bandeja de Luque y Martínez y del cordobés Damián de Castro un juego de vinajeras y campanilla. A los inicios del siglo XIX corresponden tres cálices, de los cuales dos están marcados: uno con SISTO, otro con el león de Córdoba y los apellidos VEGA, BEGA; un par de ostensorios, uno bañado en oro, otro con el siguiente texto: AMBROSIO AMBROSIANO ME FECIT. 1815, y unas vinajeras con campanillas de plata del sevillano R. Fernández. Finalmente, casi de mediados de la centuria, mencionaremos un acetre.

Hasta aquí las propiedades de la fábrica. Pero las hermandades también cuentan con piezas de notable interés. Algunas tan destacadas como la custodia procesional, que por sus analogías con la de la iglesia prioral de santa María, se atribuye a Francisco de Alfaro. Tiene además la corporación sacramental dos portapaces con la apoteosis eucarística y las armas de san Pedro, de comienzos del siglo XVIII. A la misma centuria se vinculan también los faroles de mano para acompañar al sacramento, el guión con que se inician las procesiones con su divina majestad, la corona de la Purísima del sagrario y el cayado de san Francisco de Paula. La torre de santa Bárbara es de 1856.

Por su parte, la hermandad del cristo de la Humildad y Paciencia conserva todavía a modo de muestra de cuanto poseyó la peana tardobarroca de la dolorosa, la daga de su pecho, la corona de diario, con los instrumentos de la pasión, estrellas y rayos rectos alternados con otros flamígeros, la de espinas del Señor, obra del platero Fernando Gámez en 1720, las sogas de filigrana dorada adquiridas en la feria de Guadajoz y las potencias de hacia 1790.

Por su fusión con la de Ánimas, el 28 de abril de 1958, es propietaria de las potencias flordelisadas y de las espinas del expirante crucifijo de igual título, del juego puesto en el de la sacristía, además de los atributos de la virgen de la Antigua, de estilo tardorrococó pero de principios del siglo XIX, en tiempo de su hermano mayor José Montero. Mención aparte merecen los correspondientes a la virgen del Rosario, pues contó con un ajuar copiosísimo, mas lo azaroso de su historia desde la invasión francesa, con constantes cambios de residencia, ha dado al traste con la mayoría de las piezas, como el baldaquino procesional de plata, labrado en 1637, que se conserva en el *Allen Memorial Art Museum*, del *Oberlin College* en Ohio. Sin embargo, por fortuna, todavía posee la bella corona del siglo XVII, las ráfagas de sobremanto, la media luna antropomorfa, los zapatitos del niño de comienzos del siglo XIX y algunas alhajas, excepción hecha del águila bicéfala de filigrana que se perdió durante el último incendio.

Tampoco debemos olvidar los ornamentos, entre los que descuellan el hábito de san Antonio de Padua, bordado en oro a fines del siglo XVII, el frontal de brocado rojo del siglo XVIII, el ropón granate de san Cayetano, los hábitos negros de san Teodomiro, san Francisco de Paula y san Juan Nepomuceno, todos ellos con motivos de rocalla decadente en labores de canutillo y hojilla, lo mismo que el estandarte sacramental, el paño fúnebre de la hermandad de Ánimas, la saya de tisú de la virgen de los Dolores, adquirida hace unos años al monasterio de Madre de Dios, pues pertenecía a santo Domingo.

Repartidas por algunas dependencias, a fin de preservarlas de posibles deterioros durante las obras de consolidación o en espera de su puesta a punto por manos especializadas, se encuentran las siguientes pinturas: una liberación de san Pedro, de comienzos del siglo XVII; una vocación del propio santo, ya de fines del mismo siglo, y un retrato de san Juan de Rivera. Igual ocurre con las esculturas, entre las que cabe mencionar la santa Bárbara y la Purísima del altar de san José, el san Sebastián del Rosario y el crucificado de papelón, de hacia 1600. Tampoco conviene olvidar la peana procesional del siglo XVIII, repleta de espejuelos, de santa Lucía.

Hospital de san Pedro. 2 [5-E]

Frente a los pies de este templo, el hospital del mismo nombre, edificio de interés, labrado en el siglo XVII, en cuya fachada se conserva un buen conjunto de azulejos del siglo XVIII. En su interior destaca el patio con columnas de piedra de amplios boceles, en los que descansan arcos rebajados. Junto a él su iglesia, que tuvo, hasta fechas recientes, buena porción de retablos dieciochescos.

Antiguo matadero. 3 [7-F]

A espaldas de la cabecera de san Pedro, en un paraje donde estuvieron las mancebías, aún se conserva el matadero público, levantado en 1503, para el que Pedro Gaitán hizo una terracota representando a la virgen de Gracia.

Alameda de Alfonso XIII. 4 [6-F]

Por la calle de la Fuente se llega a la fuente de los Leones, donde se inicia la alameda, remozada al calor de la exposición iberoamericana del veintinueve, con ladrillos vistos, cerámicas, hierro forjado y todo el abarrocado mudejarismo historicista de la época; paseo en el que cabe destacar una pieza de excepcional interés, que, inexplicablemente ha pasado inadvertida a los historiadores que se han ocupado de la ciudad, y que nada tiene que ver con la arquitectura. Se trata de una efigie gótica de la virgen madre, existente en un nicho protegido por un cristal, sobre un pilar, a la mediación de su acera derecha.

Convento de la Purísima Concepción. 5 [4-E]

En la plaza de Abajo se encuentra el monasterio de la Concepción. Pertenece a la comunidad de franciscanas concepcionistas. Tuvo su origen, lo mismo que otros conventos femeninos de esta ciudad, en los albores del siglo XVI, en un época en la que España hubo de buscar soluciones prácticas a las consecuencias de sus más recientes acontecimientos históricos. En efecto, su estructura económica, esencialmente agraria, se veía bastante alterada por las constantes guerras bajomedievales y por el alarmante aumento de las vocaciones religiosas entre los varones, alentados por los pingües beneficios que empezaban a reportar sermones, canongías y capellanías. Estas tendencias se verían luego acusadas por las campañas europeas del emperador y por la conquista evangelizadora de América, de modo que se creó un peligroso excedente de mujeres casaderas sin posibilidades remotas de contraer matrimonio, para las que sólo quedaba una salida viable: las místicas nupcias con la divinidad. Fue, por tanto, para ellas para quienes se idearon estas fundaciones, inmersas en los núcleos urbanos de probado abolengo y nobleza, donde las vírgenes consagradas, en sus renuncias al mundo que las postergaba, mantendrían sus status sociales y hallarían, en palabras de Bonet Correa, «una paz no alterada por las minucias de lo cotidiano, propicia al desarrollo de unas vivencias interiores», en ocasiones volcadas hacia las artes: la música, el bordado..., en ocasiones hacia la práctica de una ascética contemplativa, propia de sus roles de esclavas y esposas respectivas de las dos primeras personas de la Trinidad. Y es que no en vano, semejante existencia, pese a sus apuros económicos, con sus arrobos, visiones y desvaríos suponía un auténtico lujo humano: una tentación exquisita y refinada a seguir.

Cuenta la leyenda que fue creado bajo los auspicios encubiertos de Isabel primera con objeto de acoger a una amante de Fernando el católico, tan dado a este tipo de veleidades. De ahí que tras considerar que Julio segundo, por bula otorgada en Roma el 15 de mayo de 1510, aprobaba la fundación en Carmona de un monasterio de esta religión, el cual había de depender de la jurisdicción de Écija, la noticia resulte por completo fidedigna; sin embargo, no sería hasta tres años después, cuando por nueva bula de León décimo, consiguieron las señoras reunidas en torno a doña Lucía Sánchez de Baeza la autorización canónica que las establecía en la ermita de nuestra señora del Real, con lo que se estaba disponiendo de *iure*, lo que de *facto* constituía una realidad. Y si antes no habían podido dar muchas muestras de actividad e iniciar las obras del cenobio, acabada la etapa clandestina, las emprenderían comenzando por la adaptación del primitivo santuario mariano a sus necesidades, las cuales, dada la enorme celeridad con que se verificaron, se concluyeron el mismo año, 1513, siendo bendecidas por fray Juan Lasso

Maternidad.
Convento de Concepción.

Portada junto al coro.
Convento de Concepción.

de la Vega, precisamente en un momento en el que todavía estaban sujetas al hábito de terceras franciscanas bajo la advocación de santa Isabel de los Ángeles. Advocación cambiada al vincularse en 1516 a las hijas de santa Beatriz de Silva, por la presente de la Purísima Concepción.

Levantado en ladrillo y mampuesto, sus zonas de mayor antigüedad corresponden en efecto a la primera mitad de la expresada centuria, puesto que sus elementos arquitectónicos, a pasar de su goticismo, revelan ya los influjos de un incipiente renacimiento. No en vano, se sabe que gracias a las donaciones de Cristóbal de Baeza el viejo y de Inés de Castroverde, su esposa, en 1548 y 1555, se favoreció el avance de la fábrica del nuevo templo. A esa fecha corresponde la bóveda estrellada del presbiterio y el ojival arco de triunfo que la comunica con el cuerpo de la iglesia, concebida, de acuerdo con la costumbre local, según una sola nave estrecha y larga, de estirpe mudéjar, cubierta por hermoso artesonado de par y nudillo. A los pies, el coro desdoblado en alto y bajo, cerrado por tupidas rejas. En el costado del evangelio, una pareja de portadas gemelas de medio punto con pilastras cajeadas y frontón triangular, abiertas al sobrio compás ajardinado, con dos sencillos pórticos afrontados a los anteriores, y entre ellos una pequeña hornacina para una imagen pétrea de nuestra señora con su hijo en los brazos, cronológicamente próxima a 1400, hoy en la clausura.

Por ellas, y desde el paseo, reafirmando su marcado carácter deambulatorio, entraban y salían respectivamente algunas procesiones solemnes durante sus recorridos por la ciudad. En este sentido, conviene recordar dos celebradas con la virgen del Rosario, titular de la imperial cofradía establecida en el monasterio de santa Ana del orden de predicadores, las cuales tuvieron lugar el 17 y 13 de mayo de 1649 y 1713, respectivamente, pues según inveterada costumbre, solía visitar los cenobios femeninos; nada más barroco que ese hacer del templo una vía sacra y de la calle un lugar de oración.

Preside la iglesia el retablo principal, de madera de flandes concertado con Tomás Guisado el 4 de enero de 1734 ante el escribano público de Carmona Francisco Benítez, con el compromiso de realizarlo de acuerdo con el dibujo que obraba en poder de la abadesa, dejando pendiente la cuestión monetaria hasta tanto se concluyese, ya que entonces se fijaría el precio en función del ejecutado por este maestro con destino al san Francisco Javier del colegio de san Teodomiro. Es lástima que un conjunto de semejante categoría acorde con el resto del templo, fuese el chivo expiatorio sobre el que recayeran en Carmona los destrozos de la pasada guerra civil; y si bien en este caso no afectaron mucho a su estructura ni a

Convento de Concepción. Bóveda, presbiterio, artesonado y nave con coro.

su dorado, costeado en 1798, durante el priorato de sor Ana Escribano, sus efectos sí se dejaron sentir en cambio en lo referente a su imaginería, que hubo de ser sustituida por la perteneciente al viejo altar mayor del extinto convento de san Sebastián. Por dicha circunstancia en las calles laterales aparecen los bienaventurados de la orden seráfica: Antonio de Padua, Diego de Alcalá, Francisco y Clara de Asís y no los relacionados directamente con el misterio. De su estado primitivo sólo conserva el relieve del ático con el tema del nacimiento de la virgen, pues la Purísima dieciochesca del camarín principal, hace unos años vendida a las madres Irlandesas de Sevilla, vino del Carmen; desde entonces ocupa este lugar la Inmaculada fundacional, imagen de vestir fechable en torno a 1500, que tradicionalmente se veneró en la vitrina central del sotocoro, como se encarga de demostrar algún grabado francés del romanticismo, pese a tratarse de la antigua titular de una corporación fundada en 1578. En el manifestador, desde hace poco, un niño Jesús del siglo XVIII, antes en la clausura.

Adornan los testeros laterales del presbiterio seis lienzos de la segunda mitad del siglo XVII, relativos a la vida de María, mientras la bóveda se cubre con pinturas barrocas parecidas a las del resto de la iglesia. A la misma estética corresponden también las yeserías de las enjutas del arco toral con roleos de hojarasca, serafines, cartelas o enmarcando a un cristo de la Humildad y Paciencia. En los pilares apoyan un par de ángeles lampareros del siglo XVIII.

Ya en los muros de la nave cuelgan dos series de lienzos con temática franciscana y carmelita por proceder de las casas que ambas religiones tuvieron en esta collación. En el lado del evangelio los cuatro primeros son del siglo XVII y representan: la encarnación, la Magdalena penitente y dos bienaventurados, uno de cada orden, seguidos de otro lienzo del siglo XVIII con la virgen protegiendo a las huestes cristianas en una batalla y del exvoto fechado en 1794. Pasada la puerta más próxima a la cabecera, se encuentra el púlpito de forja con escalera y tornavoz de talla, donado en 1674 por doña Isabel de Alfaro, si bien no fueron dorados hasta 1798. Inmediato a éste existe un retablito de estípites de un sólo cuerpo con las figuritas de una virgen de Gracia vestida a la manera barroca y del apóstol Pedro, ambas contemporáneas de la arquitectura.

Luego, otros cuatro cuadros de mediados del siglo XVII con pentecostés, la virgen del Carmen como madre de misericordia, las ánimas benditas con nuestra señora y san Francisco y la vocación del «pobrecito» de Asís. A los pies, en los entrecoros, aparecen tres pinturas del siglo XVIlI muy populares aunque no exentas de gracia, repartidas del siguiente modo: al centro Jesús de la humildad y paciencia, a la derecha santa Catalina de Alejandría y a la izquierda, la entonces venerable, sor Beatriz de Silva. Arriba la Inmaculada asunta coronada por la Trinidad, obra del siglo XVIII de bastante calidad. En el costado de la epístola tenemos de nuevo cuatro lienzos de 1750, aproximadamente, con la apoteosis del carmelo, san Antonio de Padua, la estigmatización de san Francisco y su tránsito. A continuación, el tabernáculo tardobarroco del cristo de la Vera Cruz procedente de la capilla de la orden Tercera de san Sebastián, donde destaca la imagen del crucificado del segundo tercio del siglo XVI, antiguo titular de la extinta cofradía de penitencia establecida en la iglesia del mencionado convento, de donde vino con posterioridad a 1936 junto con la dolorosa de las Lágrimas, hecha en Sevilla, lo mismo que el evangelista, hacia 1770. Después el jubileo de la Porciúncula, la dormición de nuestra señora, copia de Rubens, y un santo carmelita, todos ellos de mediados del siglo XVII. Sigue un retablo, en esta ocasión procedente del convento de

Cristo de la Vera Cruz. Concepción.

Jesús Nazareno. Sotocoro. Concepción.

Sotocoro. Convento de Concepción.

los predicadores, con una santa Beatriz de Silva de molde entre los santos Elseario y Delfina, bajo un relieve de la estigmatización. Por último, junto al arco toral estuvo el cuadro alusivo a la procesión celebrada con motivo del juramento de defensa del dogma inmaculista, verificado por el cabildo de Carmona ante la titular de este monasterio el 15 de mayo de 1650.

Pasando al sotocoro, mencionaremos en primer lugar su bella solería, compuesta a base de azulejos renacentistas y las puertas de momento avanzado del periodo barroco. También posee dos vitrinas de rocallas, con un niño Jesús del siglo XVII y un Santiago, entre los cuales hay una Purísima del siglo XVIII de vestir. Y ya en el testero, frente al altar mayor, la hornacina tardobarroca con una Asunción de candelero, entre un san Francisco de Asís de fines del siglo XVII y un Jesús nazareno en alto relieve, quizás identificable con el encargado por los cofrades de la antigua Soledad a Gaspar del Águila, en enero de 1573, y que tras la exclaustración pasó a san Sebastián. No menos interés presenta el niño apocalíptico con atributos de la pasión que de acuerdo con la iconografía del cristo de los Dolores vence a la muerte y al pecado. Tampoco debe olvidarse la tabla de autor anóni-

Galerías altas del claustro principal. Convento de Concepción.

mo de las postrimerías del siglo XVI con la virgen de Belén adorada por los bienventurados Francisco de Asís y Bernardo de Claraval, ni los lienzos del siglo XVIII del redentor abrazado a la cruz, san Francisco Solano y san Pedro de Alcántara.

Colindante a la iglesia, según secular costumbre monacal, se halla el claustro, un espacio abierto en torno al que se disponen la mayoría de las dependencias importantes de la casa, circunstancia que lo convierte en el centro de la vida monástica. Dispuesto en dos de sus alas con doble planta de galerías porticadas, articuladas a la perfección y con cubiertas de madera, cada crujía presenta siete arcos: de medio punto los bajos, escarzanos los altos, siempre inscritos en sus respectivos alfices sobre columnas toscanas y jónicas de ladrillo, guardando el *ordo ordinis* romano. Y es que en él se aúnan una estructura y unos materiales de arraigado mudejarismo con un concepto y con un lenguaje arquitectónicos claramente renacentistas, porque aquí no hay titubeos, estamos ante un conjunto más elaborado que los de santa Clara o Madre de Dios. Por eso, su construcción no debió anteceder al tercer cuarto del siglo XVI. No conviene olvidar que su autor sería uno de esos alarifes locales, vinculado por procedencia y formación a unos ambientes estéticos muy populares y por ende tradicionales, siempre a remolque de las últimas corrientes estéticas. Una de sus lonjas se decora con bella tabla de comienzos del siglo XVI representando a la Inmaculada franciscana adorada por Cristóbal Trocado y doña Lucía Sánchez de Baeza. En una de las salas anejas se conserva un nazareno de Francisco de Ocampo, que bien pudiera considerarse maqueta del sevillano de san Antonio abad, así como una dolorosa arrodillada del siglo XVIII. Respecto de otros puntos de la clausura, señalaremos en primer lugar los dormitorios de las religiosas, para cuya instalación se emplearon una serie de edificios anexionados paulatinamente con posterioridad a la fundación del convento, los cuales constituyen un recinto urbanístico de sumo interés, por cuanto conservan la disposición y la tipología características de la arquitectura doméstica del arrabal durante el quinientos. En uno de ellos existe un mural con el tema de la flagelación, quizás de idéntica cronología. Frente, el llamado patio de san Juan, que corresponde a las reformas verificadas en el cenobio en 1751.

En cuanto a los ornamentos y a las piezas de orfebrería, diremos que antaño debieron ser bastante numerosos; sin embargo la penuria de tiempos posteriores acabaron con ellos. Se reducen a un par de pértigas barrocas, los atributos de plata: corona, cetro, luna y ráfagas con que se adorna la titular del monasterio, el traje de las solemnidades de dicha imagen, bordado en oro sobre tisú de plata, todos ellos del siglo XVIII, y las andas procesionales de estilo imperio, adquiridas hace unos años por la hermandad de Gracia para llevar el «simpecado» en la romería de septiembre, pese a que la carreta actual obedece a diseño de José Arpa.

Ermita de santa Lucía. 6 [1-H]

Por las calles Concepción, Vidal, Real y Paseo de san Antón se llega al Almendral donde se halla la ermita de santa Lucía, un hemiespeos que tuvo bóveda de aristas de ladrillo. Conserva los restos de una portada del siglo XVII con pilastras toscanas, mensulones en el tercio de capitel y frontón curvo. De lo que pudo ser un pórtico se conserva el medio punto del supuesto arco toral. La imagen titular se conserva, como hemos visto, en san Pedro.

Ermita de san Antón. 7 [3-G]

En sus proximidades, situada encima de una loma, justo en el lugar donde cuenta la tradición que establecieron su campamento las huestes cristianas antes de proceder a la reconquista de la ciudad, se encuentra la ermita de san Antón, cuya construcción se vincula

Ermita de San Antón.

también a los propios deseos de san Fernando una vez que hubo expulsado a los musulmanes. De ahí que, en fechas recientes, al establecerse en ella una nueva parroquia se le impusiese el nombre del rey castellano. A pesar de ello, lo existente en la actualidad corresponde al siglo XV, y es que el pueblo, siempre amigo de sublimar cuantas cosas lo merecen, supo envolver su origen con hermosas leyendas.

De reducidas proporciones, consta de un par de naves, comunicadas a través de tres arcos ojivales que descansan en sus respectivos pilares rectangulares, que se prolongan por sendas cabeceras cuadradas, la izquierda con bóveda ochavada sobre trompas, la derecha con una de arista, mientras el acceso lo tiene en el costado del evangelio. Resulta curioso el hecho de que las numerosas restauraciones sufridas en tan dilatado espacio de tiempo lo mantengan en estado relativamente puro, sin quitarle un ápice de su aspecto primitivo. En este sentido tenemos noticias de las actuaciones verificadas a partir de octubre de 1586, de 27 de octubre de 1603, de 12 de mayo de 1749 y de 30 de octubre de 1790, además de la reciente por todos conocida.

En ella recibió culto la talla de nuestra señora de Tentudia,

Vista aerea del conjunto de la Necrópolis y Anfiteatro.

próxima a 1400, cuyo niño había desaparecido por la carcoma; y junto a ésta un san Antonio abad, goticista, si bien datable en el siglo XVI. La espadaña es del siglo XVIII y en la entrada del compás sobre la clave de la puerta hay un escudo de armas de Carlos III.

Caseta del casino de Carmona. 8 [2-F]

En el real de la feria, la caseta del casino, construcción permanente de hierro, a base de un amplio pabellón techado a cuatro aguas, con lámpara también de fundición.

Necrópolis romana. 9 [2-D]

Por el paseo de la cruz del Carmen, tras cruzar la calle Sevilla, por la avenida de Jorge Bonsor, se llega a la necrópolis, uno de los monumentos capitales de la romanidad en España. Su utilización se documenta entre el 50 aC y el 360 de nuestra era. Situada a un kilómetro al oeste de la puerta de Sevilla, ocupa una extensa área de unos 500 metros de radio. Consta de un núcleo de mayor relevancia en el encuentro de la vía Augusta, coincidente con el camino del Quemadero, y de la particular para servicio propio de la necrópolis, paralela al actual trazado de la carretera de Sevilla, con independencia de que, a su vez, la corte por medio la calzada militar a Hispalis.

Su descubrimiento se produjo por casualidad, precisamente al iniciarse la explanación del referido camino, en 1869. Y es que, a poco de empezar, aparecieron algunos enterramientos repletos de urnas cinerarias con sus ajuares, lo que sirvió de acicate a los operarios a fin de continuar la búsqueda, pues enseguida se despertó en ellos la típica picaresca alentada por la falta de medios, favoreciendo que sacaran cuanto pudieran con el propósito de venderlo después. Por fortuna, la mayoría de las piezas cayeron en manos del boticario local Juan Fernández López quien se había distinguido siempre por su amor a la antigüedad. Pronto este carmonés, en unión de algunos paisanos y amigos interesados por las cuestiones arqueológicas, costearon desde 1874 a 1881 la exhumación de algunas tumbas en el llamado cercado de Simón. Por esa época, también el anticuario Laureano Daza promovió ciertos trabajos que darían con el mausoleo Circular. Ante los innegables éxitos de estas campañas, con el deseo de verificarlas con una metodología adecuada y científica, Fernández López conectó, en 1881, con el inglés afincado en Carmona desde el año anterior, George Edward Bonsor. A tal fin se adquirió el campo de las Canteras, donde salieron una treintena de sepulturas, y el de Juan Manta, donde aparecieron otras nueve de pozo, los cimientos de una circular y no pocas de gente humilde. Tras visitar diversas colecciones europeas, se continuó, en 1883, por el campo de las Canteras y por el de los Olivos, con tan espectacular resultado que, en mayo de 1885, eran mostradas a una comisión de expertos integrada por miembros de las reales academias de la historia y bellas artes doscientas veinticinco tumbas. Con los objetos extraídos y con los de las ruinas de Arva, Canama y otros lugares próximos se creó el museo de la necrópolis. En años sucesivos siguieron en su empeño, llegándose a un total de ochocientos puntos de enterrio, aproximadamente, de variada tipología. Muerto Fernández López, George E. Bonsor donó el recinto al Estado, en 1931.

Por lo general, las sepulturas se reparten con cierto orden dentro del vasto espacio que ocupan. Se disponen a lo largo de tres caminos que lo atraviesan: la vía Augusta, el camino particular de la necrópolis y el que, a través del campo Real, llevaba a las termas de Brenes, por donde discurre ahora la carretera del Viso del Alcor. A veces no guardan la orientación precisa, este-oeste, dado que sus autores tenían que acomodarse a las peculiaridades de la roca.

Van desde las formas simples y sencillas a los complejos mausoleos. El tipo más representativo es una cámara subterránea con nichos para las urnas a la que se baja por un pozo rectangular con mechinales en sus paredes, una escalera o un sistema mixto. Una puerta en uno de los lados menores del pozo es la entrada a la cámara, y cuando la tumba es de varios departamentos tras la puerta hay un pasillo. Las cámaras son de techo plano o abovedado con un banco corrido por la mitad inferior, y sobre él los nichos, que rematan en semicírculo o dintel, aunque lo más normal es que sean de perímetro trapezoidal con el lado superior un poco curvo. La cámara solía enlucirse con mortero y estuco y a veces se pintaba, incluso con buena decoración, mientras que el suelo se enlucía o se cubría con *opus signinum*. La cripta se cerraba con sillares en la boca del pozo o de la escalera, y a veces con puerta o losas. Las cámaras solían tener un conducto que las comunicaban con el exterior, en ocasiones una claraboya, aunque normalmente era sólo una chimenea.

Además de este tipo principal hay dos muy frecuentes, en realidad dos variantes del mismo prototipo. Se trata de un foso rectangular de unos dos metros por uno y medio en cuyo fondo hay otro menor para recoger las cenizas de la cremación. Esto tan simple es un crematorio, algo común y necesario en un cementerio en el que el rito de incineración es casi el único que se emplea.

Sobre esta forma, los casos se solucionan como *ustrinum* o como *bustum*. Cuando actúa sólo como quemadero de una tumba familiar, el caso más corriente, se denomina *ustrinum*, y es *bustum* cuando el crematorio se utiliza como enterramiento individual definitivo. En este último caso las cenizas quedan en el foso pequeño y se cubren

Mausoleo circular.   Hipogeo común.

de una de tres maneras: con tégulas formando un tejado a dos aguas, con sillares grandes o con una bóveda de ladrillo en forma de sarcófago cerrado. En cualquiera de estas tres soluciones el foso se rellenaba de tierra y sobre él se colocaba un cipo, una estela o cualquier señal de enterramiento. En ocasiones aparece un híbrido de *ustrinum* y *bustum* que consiste en recoger las cenizas en una urna y ésta depositarla en un nicho excavado en las paredes del foso.

El tipo principal tiene un origen remoto en Egipto, luego pasó a Siria, y de aquí a todo el Mediterráneo. Cartago pudo ser el transmisor directo hasta Carmo, porque el hipogeo es el enterramiento característico de la cultura funeraria púnica.

A veces estos conjuntos constaban de construcciones a flor de tierra, como acontecía en los llamados mausoleos circulares, que ocupaban por completo la superficie de la sala subterránea, edificios ahora reducidos a cimientos, dado que en las postrimerías del siglo XVI comenzaron a servir de canteras y a veces adoptaban una disposición semejante a la casa. Tal es el caso de las conocidas por los nombres de la moneda de Vespasiano, las Guirnaldas o las Cuatro columnas, cuando en realidad lo que esta última posee son cuatro pilares sosteniendo una bóveda a imitación de los atrios, con el *impluvium* y el *compluvium* y el cubículo en los dos pequeños recintos inmediatos. Este fenómeno se hace aún más palpable en la de Prepusa, así denominada por el texto descubierto en una de sus urnas pétreas: OSSA PREPVSAE / EVNI FILIAE / ANN XXV, en cuyo patio inmediato al camino de servicio de la necrópolis, encontramos a la derecha del ingreso -antaño cubierto con grandes sillares cogidos con mortero- el ara y el *ustrinum*, y al frente la cámara excavada en la roca, de acuerdo con las características comentadas. Análoga es la de Postumio, en la que se encontró una lápida de la época de los Antoninos con la siguiente inscripción: Q. POSTVMIVS. / HYGINVS. ET / POSTVMIA CYPARE / VXOR, también con su patio descubierto, de seis metros de costado, con escaleras en el derecho, igualmente excavada en el alcor, y pegada a ella el altar. La cámara, decorada por C. Silvanus, muestra, lo mismo que la correspondiente del *ustrinum*, la presencia de inhumación e incineración, como se aprecia en la fosa del fondo, en su origen cerrada de mampuesto, y por los siete nichos de los muros, quizás por deberse a un momento de transición entre ambos ritos.

Mucho más importante, no sólo por sus dimensiones, sino también por lo complejo de su estructura, es la de Servilia, conocida por tal título a causa del hallazgo en su recinto de una estatua femenina con el nombre grabado en el pedestal. Constituye el mausoleo de mayor riqueza y monumentalidad de cuantos aquí se conservan, quizás

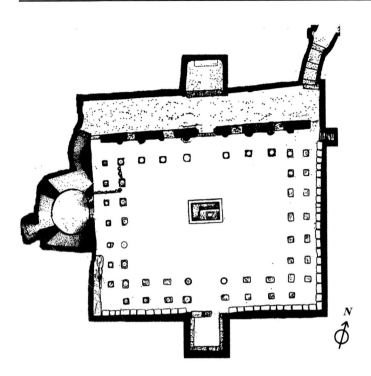

Planta de la tumba de Servilia. Necrópolis romana.

como expresión del considerable potencial económico de sus poseedores, vinculados al patriciado urbano.

Tuvo una superficie total de unos mil trescientos metros cuadrados y se ordenó en torno a un gran patio con pórtico doble en tres de sus frentes. A la tumba se entraba por una escalera excavada, en cuyo extremo inferior un vano adintelado cortaba el paso a un vestíbulo estrecho de cañón muy rebajado. Desde el vestíbulo un par de mesetillas separadas por dos escalones daban paso al peristilo, con un estanque central rodeado de columnas corintias de fuste acanalado con tambores de piedra las exentas y otras medias empotradas en el muro. Por el costado derecho corría una amplia galería también excavada en el alcor, que aún se conserva en parte, que comunicaba con el patio por tres puertas y cuatro ventanas. La galería debió estar decorada por completo sobre estuco, del que aún hay restos, y en el centro tenía una cámara hoy con un sarcófago adornada con ricas pilastras y molduras. Frente a esta cámara en el lado opuesto del patio

Elefante. Tumba del Elefante, Necrópolis romana.

Servilia. Museo de la Necrópolis romana.

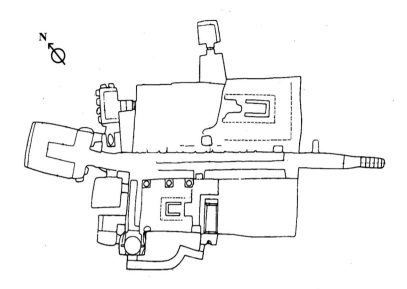

Planta de la tumba del Elefante. Necrópolis romana.

había otra dependencia algo menor reforzada con cantería y podio corrido en tres paramentos.

La cabecera se reservó para la zona funeraria a la que se entraba por el fondo de la nave de poniente a través de un pasadizo de cinco metros. El vestíbulo, que todavía se conserva íntegro, es de planta irregular aproximadamente un círculo al que se adosan tres traprecios. Está cubierto por una bóveda apuntada sobre un par de contrafuertes que arrancan del fondo de poniente y se unen en el óculo que remata la cubierta. La cámara funeraria, muy pequeña, está en el ángulo suroeste del trapecio central y tenía un banco corrido para las ofrendas en tres de sus costados.

La planta alta ha desaparecido casi por completo. A ella se subía por un punto indeterminado. En el ángulo nordeste quedan los restos de una estancia rupestre baja con parte de la bóveda de arco rebajado todavía en su sitio. En el mismo lado de levante, a través de una escalinata, se llegaba a un dispositivo hidráulico compuesto por un registro y un pozo, y al fondo a través de una puerta con escalones se accedía a las dependencias del sur. Al lado norte hubo una galería y una cámara similares a las del piso bajo, mientras que sobre el vestíbulo y la cámara funeraria sólo queda una amplia plataforma con una exedra adosada.

Pese a que la recién descrita resulte de mayor efecto, hoy día a la luz de las modernas investigaciones, cobra un relieve muy superior la denominada del Elefante, puesto que presenta una considerable riqueza simbólica.

La tumba del Elefante hoy se tiene por un pequeño santuario de la religión frigia. Los actos que en él pudieron desarrollarse debieron ser algo íntimo y minoritario, reservado a iniciados locales y a miembros del sacerdocio, dadas las dimensiones del espacio y las particularidades del culto. El primer indicio del santuario sería una pequeña figura tosca y popular de Atis, uno de los dos dioses frigios, que se encuentra hoy a la entrada de las cámaras del lado norte de la construcción. La iconografía de este Atis hace referencia a su carácter de divinidad funeraria.

La cámara principal del santuario sería el triclinio subterráneo del fondo con un tragaluz sobre la puerta y a la derecha según se entra, una ventana que permite ver la estancia del elefante. Está relacionada con el momento más solemne de las fiestas principales de entrada de la primavera, las que conmemoran la resurrección de Atis, que se celebraban entre el 15 y el 27 de marzo, así como con otro culto local a su nacimiento.

Por contagio del mitraismo la fiesta del nacimiento del sol aquí identificado con Atis, se celebraría el 25 de diciembre, fiesta de la natividad, día del solsticio de invierno. En esta ocasión simbolizaría el nacimiento de Atis como divinidad solar, como dios supremo. Es al amanecer del 25 de diciembre cuando los rayos del sol penetran por el tragaluz del triclinio subterráneo, siguiendo fielmente el eje longitudinal de la cámara. La intención explícita de conmemorar esta fiesta en este santuario está confirmada porque donde se proyectan los rayos del sol del amanecer se conservan los restos, sobre un saliente de la roca, de alguna marca conmemorativa, tal vez un relieve o un epígrafe; y porque esta cámara, que debió ser la última obra del santuario, se desvía respecto al eje del resto del espacio buscando la orientación adecuada para que se produzca con precisión la iluminación del solsticio de invierno.

El día 27 de marzo, el último del ciclo de primavera, era la fiesta del baño. La imagen de Cibeles, la otra divinidad frigia, era lavada simbolizando la purificación después del matrimonio sagrado. En el costado sur del santuario de Carmo un sistema hidráulico, un poyete y un triclinio localizarían esta parte de los cultos, además de los actos iniciales de la religión.

El circuito hidráulico se compone de un pozo, un depósito intermedio, un estanque y una tubería que devolvería las aguas al pozo. Se trata de un dispositivo bien montado para que el agua pueda manar continuamente siempre que se celebren los actos para los que está reservado. Puede interpretarse como una alegoría de Cibeles como divinidad de las aguas. Junto a la boca del pozo hay una piedra ovoide, plana por detrás, que puede ser un betilo, es decir la iconografía más primitiva de Cibeles. Es posible que estuviese colocado en la cámara interior del lado norte, muy pequeña, que simbolizaría la cámara nupcial. Allí el betilo estaría en un mueble que se trasladaba para las procesiones, la fiesta del baño y las ceremonias de iniciación.

La figura del nicho que preside el estanque fue probablemente un galo o un archigalo. Los galos fueron los primeros sacerdotes de Cibeles, que en origen fueron los eunucos que habían sacrificado su virilidad a imitación de Atis. Ya en época romana se caracterizaban porque se peinaban con tirabuzones, se ponían collares, medallones y pendientes, se afeitaban y sus ropas eran de colores chillones. El espacio al oeste del estanque, hoy baldío, pudo ser un vestuario para cambiar el traje de calle por otros ropajes rituales. El archigalo era el príncipe de los sacerdotes en cada comunidad local, un cargo desempeñado normalmente por un ciudadano considerado, según una institución oficial tardía introducida por Claudio cuando consagró estos cultos en Roma. Sólo se distingue por una mitra rodeada por una corona de oro. El archigalo no tenía que sacrificar su virilidad, como tampoco los galos desde la regulación de Claudio. Para su consagración era suficiente con que de un sacrificio de toro o de carnero los testículos de cualquiera de los dos animales se ofrecieran a la divinidad.

En la cámara más pequeña de las dos del lado norte, el nicho que hay pudo ser un lugar oculto de ofrendas relacionado con la autocastración de los galos o en su defecto con la castración de toros o carneros. La cámara funeraria de este santuario, en el ángulo noroeste, muy pequeña para tanto espacio, con sólo seis nichos, puede interpretarse como un lugar de enterramiento exclusivo de galos y archigalos.

Para los actos de iniciación el lugar del sacrificio pudo ser el poyete situado junto al estanque. Cualquiera de los triclinios pudo servir para la comunión, pero el de los huertos, inmediato a las cámaras del lado norte, con desagüe para las libaciones de los banquetes funerarios, mesa de mampostería y lechos en vertiente hacia fuera, resulta demasiado grande. Lo mismo ocurre con el subterráneo, que además desempeñaba una función muy precisa en otro momento ritual. Lo más probable es que el utilizado para las ceremonias iniciáticas fuera el más pequeño, de características similares al primero justo al lado del estanque y supuesto que los catecúmenos normalmente eran niños o jóvenes.

La obra del santuario indica que pudo levantarse a mediados del siglo I dC. La escultura del elefante se tiene por segura reproducción de un modelo africano. Aunque el culto de Cibeles y Atis no se relaciona directamente con éste puede existir una relación local entre ambos elementos, de la misma manera que el triclinio subterráneo recoge una variante local del culto solar. Los reunidos en el triclinio el 25 de marzo o el 25 de diciembre tenían ante ellos dos manifestaciones de Atis sol, la luz que entra por el tragaluz y el símbolo de la luz que es el propio paquidermo.

Anfiteatro romano. 10 [2-D]

Frente a la necrópolis se ubicaba el anfiteatro, cuya exhumación se inició en 1885, a cargo de Juan Fernández López y George E. Bonsor, quienes habían advertido que la depresión oblonga allí formada pudiera corresponder al mencionado edificio romano. En efecto, iniciada la obra, comenzó a aparecer lo que esperaban: la cávea, con un total de unas treinta gradas, según los cálculos de Bonsor. Pero las exigencias del propietario del terreno detuvieron las excavaciones, que no se reanudaron hasta casi un siglo después, en la década de los setenta, supervisadas por Concepción Fernández Chicarro y de Dios, entonces directora del Museo arqueológico provincial de Sevilla. La labor fue continuada a su muerte por su sucesor en el cargo, Fernando Fernández Gómez.

Tal y como indicara Bonsor en la memoria que envió a la real academia de la historia, la *ima* y la media cávea están bajo el nivel de la calzada, cavadas en el propio alcor, mientras que la *summa* cávea fue la única parte edificada en verdad; el eje mayor de la arena, este-oeste, mide cincuenta y cinco metros y el menor, norte-sur, treinta y nueve; por debajo quedarían las sustracciones, destinadas a albergar los vestuarios de los gladiadores, las jaulas de las fieras y demás particularidades del espectáculo que en él se celebraba. En su fachada oriental, de cara a la ciudad presenta una gran rampa de ingreso, también labrada en la roca, con una inclinación de seis a nueve grados, semejante a las que debió tener en su prolongación a poniente, en sus esquinas nordeste, noroeste, sureste y suroeste, de modo que a través de ellas, mediante galerías anulares y pasillos radiales, se llegase al vomitorio próximo a la localidad de cada espectador, sin necesidad de sufrir aglomeraciones.

La zona mejor conservada es sin duda la meridional, pues presenta un par de *praecinctiones*, de un metro de ancho y siete gradas entre el podio y el primer corredor. Del cierre de este muro a la vía Augusta se conserva un gran bloque de mortero, conocido vulgarmente como piedra de Canta el Gallo. Ni que decir tiene que el graderío y los vestíbulos irían recubiertos con planchas de material noble, con nichos para las consabidas estatuas de los emperadores y de los carmonenses ilustres; arriba, encima de la cornisa, las estructuras metálicas de sujeción del *velum* con que proteger a los asistentes de las inclemencias del tiempo.

Más discutible resulta, en cambio, la afirmación de Bonsor acerca de las posibles representaciones teatrales y circenses que en él se diesen. Una vez concluidas las excavaciones y a la luz de los restos aparecidos, podrán fijarse con exactitud el tiempo de su construcción y lo relativo a los diversos tipos de funciones.

Convento de san Sebastián. 12 [3-D]

Perteneciente a la orden franciscana, el convento de san Sebastián remonta su origen a la mediación del siglo XV. Consta que en 1447 unos frailes venidos de la ermita de santa María del Alcor, en las cercanías del Viso, se instalaron en la de nuestra señora de Gracia con el propósito de fundar una casa. Sin embargo, pronto pasaron a la del mártir romano, en cuyas inmediaciones se asentaron definitivamente, pues se inauguró veinte años después, en 1467, bajo dicho título. Aún se conservan restos de arquitectura, incluidos en los de la iglesia posterior, que por sus técnicas se tienen como parte de la ermita primitiva. Y es que los seráficos conquistaron los ánimos de los piadosos carmonenses que les ayudaron en numerosas ocasiones; no en vano, en 1471, el concejo tenía acordado enviarles cien haces de cañas con destino a la construcción de sus dependencias; en 1504 Juan Sánchez disponía en su testamento una memoria de misas; y en 1507, María de Quintanilla, viuda del jurado Luis de Ortega, les dejaba quince mil maravedíes para el frontal y la solería de una capilla consagrada al culto mariano.

Maltratado su patrimonio durante el saqueo de los franceses, quedó abandonado a su suerte a raíz de la exclaustración, circunstancia que lo ha reducido a meras ruinas, ya que el templo se desplomó hace unos años ante la mirada indolente de las autoridades. No obstante, quedan la sacristía, con artesonado del siglo XVI, la cabecera del templo, con cubierta de casetones sobre pechinas con escayolas, la capilla de san Sebastián, con bóveda de arista y el supuesto camarín de la virgen de las Angustias, ambas en el costado de la epístola; frente estuvo la capilla del nazareno del Milagro, actualmente en san Sebastián de Mairena del Alcor, y el altar del cristo de la Vera Cruz.

La iglesia presenta una sola nave de cañón con lunetos y capillas laterales en el costado de la epístola, y a los pies de este lado una portada mudéjar renacentista, quizás como muestra de mayor antigüedad. Al fondo, se remataba por un amplio antepresbiterio cubierto por media naranja muy rebajada sobre pechinas y cabecera de testero poligonal cerrada por bóveda casetonada, curiosos exponentes del manierismo bajo andaluz, donde su anónimo autor, del tercer cuarto del siglo XVI, da probadas muestras de su acendrada formación a lo largo del segundo platertesco, según demostraban también las armas del alguacil Rodrigo de Góngora, patrono de la capilla mayor. A este momento correspondía el claustro, dos de cuyas crujías se concertaron el 13 de septiembre de 1565 con Juan González y el carpintero Gil Alonso Arroyo. En cambio, algo posterior, quizás de fecha próxima a 1600, sea el cuerpo de la iglesia y más avanzado todavía, con abundantes elementos barrocos, la tribuna del coro. Aparte las mencionadas al tratar del monasterio de la Concepción, poseyó otras piezas de notable interés artístico: el retablo principal escriturado en 1574 con Juan Bautista Vázquez el viejo, cuya arquitectura pasó con

Capilla mayor y espadaña.
Restos del Convento de san Sebastián.

Retablo mayor de la capilla de la V.O.T. de san Francisco.

posterioridad a 1936 a la parroquial de Cazalla de la Sierra; un san Diego de Alcalá de Gaspar del Águila en 1589 y un san Sebastián para la homónima cofradía, de Matías de la Cruz en 1600, en poder de la corporación penitencial.

Por su parte, la capilla de la orden tercera, vulgarmente apodada de "los pastores", quizás por ubicarse al pie del camino del Quemadero, antaño ruta obligada de los ganados hacia Sevilla, se construyó en 1476 por don Alonso Cansino, de quien la heredó en 1773 don Antonio Lasso Santillán y luego en 25 de octubre de 1968, por decreto del cardenal Bueno Monreal, la hermandad de la Quinta Angustia, fundada en lugar y fecha imprecisos, aunque modernos estudios apunten al siglo XVI. Consta que desde 1625 estuvo en el hospital de san Pedro, donde permaneció al menos hasta fines del siglo XVIII, fecha de su traslado a este convento.

Fue en 1968 cuando se iniciaron las obras de reconstrucción de la capilla, logrando reabrirla al culto el miércoles de ceniza, 13 de febrero de 1971. Antiguos, si bien muy intervenidos, sólo quedan los muros y la portada protobarroca del himafronte, puesto que la espadaña y la bóveda rebajada de la nave son recientes. El altar mayor, neoclásico, está integrado por diversos elementos de comienzos del siglo XIX, procedentes de la capilla sacramental del Salvador. En él aparece el misterio procesional, obra de Antonio Eslava Rubio entre 1941 y 1944, a excepción de la Dolorosa, de Castillo Lastrucci en 1963. Ésta se adorna con corona procesional provista de cinco monedas de plata, cuatro romanas y una griega. Inmediato a éste se halla un lienzo de hacia 1700 con la virgen del Carmen. En el costado de la epístola hay un tabernáculo del siglo XIX con una efigie dieciochesca de san Isidro labrador traída de santa María, y en el del evangelio otro retablo, también recompuesto, con Jesús de Belén, obra anónima de comienzos del setecientos, procedente de Santiago. A esa época corresponden los dos lienzos que lo escoltan: una Magdalena y el retrato del obispo de Cuba, fray Juan Lasso de la Vega, que consagró la iglesia en 1737.

En las dependencias se guarda el ajuar de la corporación. De él conviene destacar un crucifijo con potencias de plata, ambos del primer cuarto del siglo XVII; las enaguillas negras de la cruz alzada, para los entierros de los hermanos, con bordados de hacia 1630; las dalmáticas, con los emblemas de san Jerónimo y de nuestra señora; dos sayas de la virgen sacadas de los hábitos del santo Tomás de Aquino -blanca- y del san Vicente Ferrer -burdeos- de Madre de Dios; el simpecado, con capa de idéntica procedencia; lo mismo puede decirse de los paños de bocinas, del estandarte y de algún banderín -concepcionista- o guión -cautivo-.

Teatro Cerezo

Casa c/. Tahona núm. 8. 13 [4-D]

Subiendo por la calle san Francisco, a la izquierda abre la calle Tahona, y a su mediación se encuentra este edificio, casa burguesa del siglo XIX.

Casa del Tinte. 14 [4-D]

Por esta misma calle se llega a la Tinajería, y de allí, a la calle Aguditas, en cuya acera norte se ubica esta construcción, datable en el siglo XVII, aunque muy restaurada con posterioridad.

Mesón de la Reja. 15 [5-D]

Por Fuenteviñas a la costanilla del Paseo se desemboca a éste, donde está el mesón. Destaca su fachada con balcón provisto de tejaroz y reja dieciochesca.

Teatro Cerezo. 16 [5-E]

Frente por frente, el teatro Cerezo, construcción del presente siglo que, con sus pesadas líneas eclécticas, es lo más representativo, en Carmona, de la arquitectura de los años treinta. Sus obras corrieron a cargo de José Enrique Romero y Emilio Ramos, como aparejadores, siendo el proyecto de Julián Otamendi.

Casa hospicio de san Jerónimo. 17 [6-D]

Por la calle del Caño, por donde naciera el beato Juan Grande, se llega a la costanilla de Telmo, que desemboca en Carpinteros, donde en su acera oeste, está la llamada casa del hospicio de san Jerónimo, quizás porque el santo aparece en un panel cerámico, de aca-

Crucero y capilla mayor. Convento de santa Ana.

rreo, instalado en el cuerpo superior de su portada.

Casa c/. Carpinteros, núm.18. 18 [6-D]

Un poco más hacia el norte, en la acera de enfrente, una casa concebida dentro del gusto ecléctico de la arquitectura de gran parte de nuestra centuria. Presenta vanos bajo pequeños guardapolvos de mampuesto.

Convento de santa Ana. 19 [8-A]

En la misma calle, se alzan los restos del convento de santa Ana. Su origen se remonta a las postrimerías del siglo XV, gracias a los devotos desvelos de Juan Mateos Castaño y Marina de la Vega, su mujer, quienes en calidad de patronos y fundadores lo confiaron al orden de predicadores, que mostraba por esas fechas deseos de abrir casa en Carmona. Inauguraban así unas largas relaciones que cuajaron con posterioridad con el ingreso de la hija en el recién constituido monasterio de la Madre de Dios.

Como tantos otros de la ciudad se mantuvo muy floreciente hasta la invasión francesa en que hubo de ser cerrado al culto para preservar en la medida de lo posible su rico patrimonio. Sin embargo, poco después, sería la desamortización de Mendizábal la encargada de acabar con él, y lo que es peor, con el propio edificio. Enseguida se hizo cargo de su custodia el ayuntamiento que dispuso en su claustro principal nada más y nada menos que el cementerio. Destino que ha conservado hasta 1975, cuando la capilla del Dulce Nombre fue cedida en usufructo a la recién organizada hermandad del Santo Entierro, que no se instaló definitivamente en ella hasta 1977.

Durante este siglo y pico el deterioro y la destrucción han alcanzado cotas inimaginables, llegando en enero de 1987 a desplomarse la techumbre de la iglesia. Trazada de acuerdo con una sencilla planta de cruz latina, muestra todavía su primitiva fábrica en la cabecera y en el crucero, cubiertos al modo gótico, con bóvedas de terceletes y cuatripartitas, cronológicamente próximas a 1500, igual que la ojiva ciega de los pies y que los pilares de la vieja

Portería vieja. Convento de santa Ana.

portería, mientras el cañón con lunetos de la nave obedece a una reforma posterior a 1769, tras el fallido intento de traslado al colegio jesuítico de san Teodomiro, pues el terremoto del 1755 la había dejado bastante maltrecha. A lo largo del siglo XVI continuaron las obras por el claustro y por la capilla del dulce nombre de Jesús, cerrada por bóveda plana con decoración de círculos concéntricos, y acabada al parecer antes de 1578, cuando el mercader carmonense Rodrigo Villalobos se comprometió a costear los altares de san Pedro y de la Magdalena. No en vano esta corporación data de 1502.

Mucho más reciente es, en cambio, el camarín primorosamente adornado de la virgen del Rosario, pues aunque su hermandad comenzó el día de Reyes del 1522 no consiguió levantarlo hasta fines del segundo cuarto del siglo XVII. Se tienen noticias de su estreno, retrasado por la epidemia de peste de 1649 al primer domingo de mayo de 1650, jornada en la que la sagrada imagen lució por vez primera un traje verde, bordado en oro para la ocasión. De él se conserva la arquitectura: planta elíptica con bóveda sobre pechinas, decorada con yeserías de tipo plano y tarjas con las mariologías. Por su parte, la grandiosa embocadura a modo de retablo, coronado por un relieve con la batalla de Lepanto, se ejecutó en el periodo rococó por un maestro próximo al estilo de Cayetano de Acosta, y se doró en 1790, pues consta que el 30 de noviembre se hicieron de nuevo fiestas de acuerdo con el solemne ceremonial litúrgico de la época: luminarias y rosarios en la víspera, y función predicada por fray Nicolás Sánchez Cobano, para solemnizar su estreno.

Por desgracia, la mayoría de sus altares y demás objetos de culto se repartieron, a raíz de los sucesos de julio de 1936, por diversos puntos de la diócesis. Así, aparte del citado en Concepción, hay que mencionar el salomónico del presbiterio, atribuido a Simón de Pineda, que con sus santos dominicos sirvió para componer el de la Asunción en Cantillana. Otros fueron todavía más lejos: a Almargen (Málaga). En cambio, las tallas de mayor devoción pasaron a san Pedro. Las existentes en la actualidad en la capilla del Dulce Nombre pertenecen a la cofradía de penitencia y se deben a Francisco Buiza Fernández.

Del ajuar cofradiero cabe destacar una saya con los bordados del siglo XVIII del san Francisco de Concepción y en especial las andas procesionales, adquiridas en 1977 a la hermandad sevillana de la O, que las estrenó el viernes santo 10 de abril de 1846.

Molino de Marruecos. 20 [8-A]

En lugar inmediato está este molino. Tiene fachada principal presidida por amplia portada, rematada en frontón roto para dejar paso a un óculo ciego; a cada lado se sitúan seis ventanales de arco muy rebajado, enmarcados por molduras de mampuesto.

Molino de Marruecos.

SAN BLAS

PLANO GENERAL

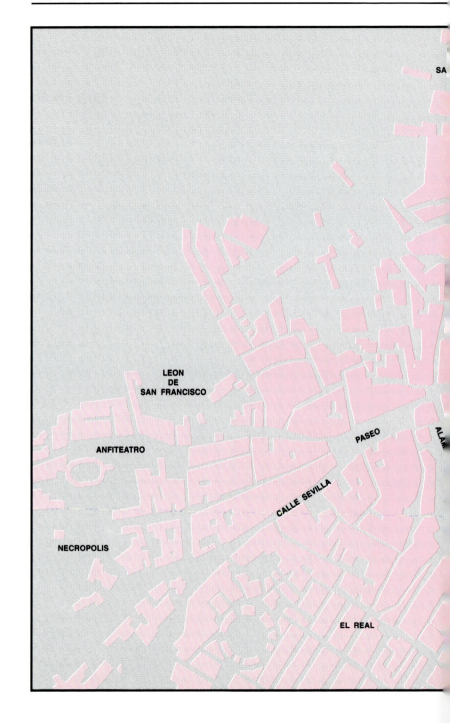

SAN BLAS

Humilladero de la Sedía.

Humilladero de la Sedía. 21 [8-A]

Subiendo por el Cristo de la Sedía, al borde del alcor, se encuentra un torreón prismático, de planta cuadrada y cubierto a cuatro aguas, con remate de forja. En la cara norte, la que da al campo, abre el medio punto de la capilla donde debió exponerse alguna imagen a la devoción pública del barrio, con más probabilidad el cristo del que sólo se conserva el topónimo.

Casa Salada. 22 [9-B]

Calle arriba, tras pasar la plaza del Higueral, se llega a la calle Juan de Ortega, en cuyo número cinco se encuentran los restos de la casa Salada, que perteneció al linaje de los Sotomayor. Sólo queda la fachada encalada y restos de su portada renacentista; hecho que el vulgo suele explicar con una curiosa tradición que habla de la justicia de nuestros católicos monarcas. Al parecer, su dueño asistió a misa y, distraído el cura oficiante y el esclavo de nuestro personaje, aquél dio la comunión antes al siervo. Sorprendido y enfurecido, el caballero golpeó al sacerdote y mató de una estocada al siervo. La justicia le condenó a muerte, confiscó sus bienes y mandó derruir su casa para sembrarla de sal.

Casa del barón de Gracia Real. 23 [9-B]

Frente a la anterior está la casa del barón de Gracia Real, levantada en el siglo XVIII. En ella destaca su portada de ladrillo, de traza bastante sobria a base de un doble orden de pilastras toscanas. Las del bajo soportan el entablamento que separa ambos cuerpos. Debajo, el vano de ingreso, enmarcado por molduras mixtilíneas. En el segundo, el balcón entre los arranques del frontón triangular roto y sendos pináculos piramidales rematados por cabezas romanas. Cuenta, además, con interesante apeadero, bello patio y escaleras.

Casa del marqués del Saltillo. 24 [8-B]

Saliendo por la calle Diego Navarro, a través de la calle Vírgenes, se llega a la plazuela del Saltillo, donde se encuentra la que se conoce como casa de san Blas. Tiene elegante portada dieciochesca, enmarcada por pilastras toscanas soportando el entablamento, coronado por un frontón triangular roto, encima del que existen sendos pináculos piramidales, para dejar paso al balcón. Sobre el dintel de la puerta campea el escudo de armas del marquesado del Saltillo, realizado en mármol blanco. Dentro, cabe destacar el patio, quizás anterior.

Iglesia de san Blas. 25 [8-B]

Filial de san Bartolomé es la iglesia de san Blas, antigua cabecera de la judería. De ella se cuenta que se construyó en los primeros años del reinado de don Pedro el justiciero, aprovechando elementos arquitectónicos de una sinagoga. Levantada en piedra y ladrillo, conserva de su primitiva estructura la planta rectangular característica en los templos del mudéjar sevillano y los pilares de las

Portada de la casa marqués del Saltillo.

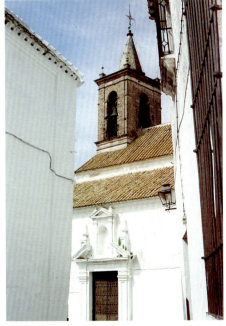

Puerta de la epístola y torre.
Iglesia de san Blas.

Altar mayor. Iglesia de san Blas.

naves, concebidos de acuerdo con la fórmula habitual en Carmona: con columnas adosadas a sus caras menores. Algo posteriores, quizás de fecha próxima a 1500, y dentro de un gótico bastante decadente, son la capilla de Fernando Caro, techada en crucería sexpartita, la ojiva latericia del evangelio con dos arquivoltas y alero de modillones en el alfiz, y la sacristía situada en la cabecera del evangelio con entrada desde el presbiterio bajo, donde todavía puede apreciarse un arco apuntado y las tracerías de la bóveda de cuatro plementos y las cardinas del arranque.

Posteriores reformas la han modificado considerablemente. La más importante fue la derivada de un informe acerca de su estado presentado en 1726 por el maestro mayor de obras del arzobispado, Diego Antonio Díaz. A esta época corresponden los arcos de medio punto de la crujía, la bóveda de medio cañón con lunetos de la central, la vaída del presbiterio, la torre fachada, del año siguiente, según se indica en la cubierta cerámica del chapitel, la tribuna del órgano y la capilla sacramental, esta última de 1797. En ella aparecen numerosos elementos simbólicos, como la moldura salomónica del arranque de la bóveda o las alegorías de las pechinas: el ave fénix, el pelícano, las uvas y las espigas.

En la capilla mayor destaca el retablo, del segundo tercio del siglo XVIII, en el que se venera además del titular entre san Estanislao de Kostka y san Juan Berchmans, una efigie de nuestra señora con el niño en los brazos y un san Miguel a modo de remate. Todo él queda enmarcado por motivos muy tectónicos y efectistas, pintados al fresco durante el periodo rococó. En las tarjas de rocallas de la bóveda del presbiterio, los cuatro evangelistas y en el centro un florón para colgar la lámpara. En el propio recinto se encuentra un cuadro de mediados del siglo XVII con el camino del Calvario. Un sencillo púlpito de forja, con su consabido tornavoz de rocallas, la cripta de la familia Berrugo, con su leyenda, y restos de la sillería de coro en los laterales del presbiterio alto, completan el recinto.

El testero colateral del evangelio se cubre con el retablo de la virgen del Rosario, obra de mediados del siglo XVIII. Consta de banco con maqueta popular con los restos de un nacimiento. Encima, en una hornacina, una virgen de Gracia, dos ángeles vestidos tomados del nacimiento de abajo y un niño Jesús como buen pastor. En el cuerpo, la imagen de María en medio de san Antonio de Padua y la Magdalena y en el ático santo Domingo de Guzmán. A continuación abre el sagrario, presidido por un tabernáculo neoclásico con ventana trasera en el camarín, donde se venera la Dolorosa, talla de vestir del siglo XVIII, de enorme devoción en el barrio por pertenecer a la populosa cofradía de penitencia aquí establecida desde 1649, aunque

Murallas de la Bohiguilla.

no vio aprobadas sus reglas hasta el 15 de febrero de 1692. Dos portaditas laterales fechables en torno a 1800 y las memorias sepulcrales de doña Concepción Melgarejo, de 1827, y de doña Ángeles Pérez de Barradas, de 1835, lo ambientan, junto a un exvoto del siglo XIX y a una alegoría del sagrado corazón sobre plancha de cobre. Luego, el altar de estípites de san José, efigie de procedencia granadina, centra dos lienzos, uno del siglo XVIII con la virgen de los Reyes, y otro, del siglo XVII, provisto de excelente marco de la época, con la flagelación.

A los pies del templo, se encuentra el coro, antaño cerrado con reja de hierro. En sus tres frentes se disponía la sillería de mediados del siglo XVII y en medio el facistol, ahora en la capilla de Fernando Caro; arriba la tribuna con órgano clasicista de caoba. Ya en la nave de la epístola se conserva el retrato tardobarroco de un religioso carmelita, el altar de san Luis Gonzaga compartido con santo Tomás apóstol, en el ático, y con el *ecce homo* de los Milagros, un alto relieve de terracota con pelo natural, corona y soga de plata, clámide bordada del siglo XVIII, en la hornacina del banco repleta de exvotos. En el testero colateral otro, esta vez tardorrococó y sin dorar, dedicado a un san Ignacio de Loyola de vestir, de hacia 1630, bajo una santa Águeda de Catania.

Por último, la capilla fundada por el beneficiado Fernando Caro, donde aparte su epitafio fechado en 1555, recibe culto el misterio de la mencionada corporación: el cristo de la Expiración, obra del carmonense Antonio Eslava Rubio en 1947, bajo un san Juanito del siglo XVIII, a los lados la Dolorosa del calvario, también de Eslava Rubio en 1959, y el Evangelista, anónimo del siglo XVIII.

En la sacristía destacan las puertas de taracea del siglo XVI y su bello aguamanil de 1661. En las dependencias de la cofradía las tres cruces de plata que rematan el estandarte, la luna de la virgen, de 1779, una corona barroca, el simpecado del siglo XVIII, dos sayas: una de terciopelo azul con rocallas e instrumentos de la pasión, quizás procedentes de un antiguo estolón, y la del siglo XIX de raso rojo, sin olvidar los paños de las bocinas, sobre idéntico tejido e igual cronología. En una capilla convertida en almacén, a los pies de la nave del evangelio, se conserva una pila bautismal de una sola pieza.

Murallas c/. Bohiguilla. 26 [8-B]

El trazado defensivo de Carmona ha permanecido con escasos cambios en el transcurso de los siglos. Al parecer los almohades se limitaron a resanar y consolidar la cerca romana, levantada a su vez, en determinados trechos sobre otra anterior, quizás cartaginesa. Es por eso, por lo que la mayoría de los lienzos de muralla conservados en la actualidad corresponden a la época romana y medieval, entendiéndose por tal tanto la islámica como la cristiana. Construida a base de *opus quadratum* y relleno de hormigón, discurre por un perímetro de unos tres mil seiscientos metros, adaptándose a la caprichosa orografía del alcor. En él las torres aparecen situadas a distancias desiguales; macizas, adosadas al muro por su cara anterior, son de planta rectangular y tienen terraza superior, almenada o provista de parapeto corrido, con acceso a través del paseo de ronda, mediante escalinatas también protegidas. Casi siempre ocupaban los ángulos salientes de la muralla, no aquellos lugares donde el acantilado suponía de hecho una considerable dificultad.

En esta calle puede verse un trozo de muro. Próximo a este lugar, en dirección norte, estuvo la puerta de la Sedía. Y a partir de allí, la erosión y los desprendimientos continuos del alcor se han encargado de acabar con la fortificación; sólo algunos trozos de mortero o el basamento de una torre perdida por el borde del acantilado recordarán su trayectoria.

En la dirección opuesta, hacia el Postigo, en la esquina del callejón de la Bohiguilla, aparece una torre con basamento romano de sillares sobre quíntuple podio. Aquí, pese a mantener toda su altura, la muralla permanece oculta tras las casas de la manzana que delimitan la Bohiguilla, Estrella de san Blas, Dos Puertas y Barbacana Baja.

Postigo y Barbacanas. 27 [7-C]

En la plazuela del Postigo, así denominada por el que allí existió para comunicar la judería de san Blas con el exterior, quedan los restos de las torres que lo flanqueaban. A partir de allí, y por la Barbacana Alta, se mantiene visible el muro con una altura de ocho a diez metros, gracias a las abundantes restauraciones cristianas. A raíz de la reconquista fue costumbre que el caserío de nuestras ciudades no sólo saltase la muralla, sino que, además, se agolpase en torno a ella engulléndola en manzanas excesivamente estrechas y alargadas. De la Barbacana con que contó la muralla ha quedado constancia en la toponimia y es precisamente en la calle Alta de este nombre donde se alzan los tramos menos deteriorados.

SAN BARTOLOME

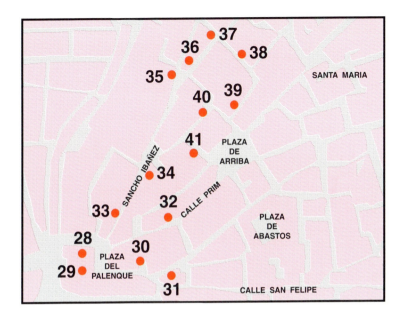

Alcázar de la Puerta de Sevilla. 28 [6-E]

El alcázar de Abajo o de la puerta de Sevilla desde antes de tiempos romanos se convirtió en bastión inexpugnable. Sin embargo, serían los musulmanes quienes le confiriesen el aspecto de máxima potencia militar. En el siglo XIV sufrió «restauraciones», aunque serían las posteriores a 1500 las que lo degradasen en mayor medida. Lo cierto es que contaba con dos partes: la plaza de armas al sur de la puerta de Sevilla y el alcázar propiamente dicho al norte. Ambos conjuntos comunicaban entre sí a través de la terraza más externa del acceso a la ciudad.

La fortaleza contaba con una reducida plaza de armas y la torre del homenaje, situada al oeste, con paramentos a base de grandes sillares almohadillados. Tuvo una sala cubierta por dos bóvedas vaídas, unidas por un poderoso arco fajón de medio punto; un nicho en el testero oriental, una ventana con arco rebajado en el muro septentrional y una saetera esquinada en dirección a la puerta de Sevilla, completan su fisonomía. Encima hubo otra dependencia análoga, con ingreso por el paseo de ronda. De ella se llegaba a la azotea de la torre inmediata.

Enfrente aparece el edificio principal, dispuesto en torno a un patio con aljibe central rodeado por seis tinajas embutidas en el suelo.

A él daban otras dependencias, el postiguillo de paso a la mencionada plaza de armas y los tres vanos de ingreso al llamado salón de los Presos, de los cuales el central posee mayor amplitud y los laterales un parteluz. De planta rectangular, se hallaba dividido en dos tramos: el menor a la derecha, cerrado por un par de bóvedas de arista; el mayor a la izquierda con techo plano. Ambas partes reciben luz de cuatro ventanales: uno geminado al sur, otro al norte y una pareja de ajimeces al Palenque. Arriba tuvo una segunda planta con idéntica distribución de espacios, a la que se accedía por un pasadizo volado desde la torre del Oro, ubicada al norte del patio aledaño, formando ángulo con la estancia anterior. En ella se distingue una sala alta coronada por bóveda octógona peraltada sobre trompas, con entrada desde el camino de ronda de su esquina noroccidental; se ilumina por sendos huecos afrontados a poniente y sureste.

Puerta de Sevilla. 29 [6-E]

Al oeste del recinto murado se sitúa la puerta de Sevilla, que supone un auténtico cúmulo de construcciones diversas en cronología y estilos arquitectónicos. La parte más próxima al Palenque constituye la correspondiente a época romana. Dispuesta en torno a un reducido patio trapezoidal fortificado, con salida hacia el interior y al exterior de la población, presenta en el primero de los casos una bóveda de cañón terminada en arcos con sencillas impostas y arquivoltas, mientras el segundo de ellos se limita a un simple medio punto con doble ranura para el rastrillo enmarcado por sendas torres, de las cuales la izquierda quedaba bastante adelantada y la derecha a su nivel, después tomada como apeo para el arco de la construcción antepuesta por los musulmanes, al objeto de adaptarla al sistema acodado característico de sus defensas. A tal fin, se prolongó la barbacana por delante de la puerta primitiva -justamente donde en 1578 se alzó el arco de Felipe segundo, derrumbado en 1895-, obligando a entrar a través de un angosto arco de herradura, tapiado en 1772, al que se conocía con el nombre de la Carne, por su cercanía al matadero, flanqueado por dos torreones.

Es lástima que por haber desaparecido esta importante mitad del conjunto, y por no ser completamente fiables las descripciones de cuantos historiadores la conocieron, no se pueda concretar con exactitud el periodo de su edificación. Sin embargo, el hecho de que aún se mantenga enhiesto el arco apuntado de herradura frontero al arrabal de san Pedro, con el trasdós un poco descentrado, bajo elegante matacán, rematado por almenas ciegas escalonadas y sujeto por un par de canes de piedra, de clara filiación almohade, inclinan a pensar que toda la reforma se verificase en ese momento.

"Acumulación de defensas en la parte vulnerable de la Antigua Población", con arco de Felipe II, hacia 1890. Colección G. E. Bonsor. Archivo General de Andalucía.

Puerta de Sevilla, hacia 1928. Foto de E. R. C. *Dubois*.

Esquina Puerta de Sevilla con calle Carpinteros, con el llamado Arco de la Carne. Foto hacia 1960.

Conjunto de la Puerta de Sevilla hacia 1940.

Derribo y desescombro de casas anejas a la Puerta de Sevilla, 1966.

Puerta de Sevilla desde el campanario de la Giraldilla. Estado actual.

SAN BARTOLOME

Iglesia de san Bartolomé. 30 [7-E]

Cabecera de la antigua collación es el templo consagrado al mártir san Bartolomé. Concebido de acuerdo con las fórmulas habituales en el mudéjar local, dispone de tres naves, la del evangelio comunicada con la calle de Oficiales, mediante puerta adintelada, mientras la de la epístola lo hace con la lonja de dicho apóstol mediante una ojiva baquetonada. Tres capillas absidales: la central poligonal y las laterales de testero plano, prolongan el cuerpo de la iglesia por la cabecera, circunstancia que unida a su distribución en dos espacios y a la traza de las crucerías permite fecharlas en las postrimerías del siglo XV. Sin embargo, su primitiva fábrica quedó modificada tras las reformas del periodo barroco, de las cuales tuvieron especial relieve las efectuadas entre 1777 y 1785, cuando se construyeron las falsas bóvedas, eliminadas durante la «restauración» iniciada en 1975. A esta etapa pertenece asimismo la conclusión de la torre-fachada de los pies, con portada de frontón roto con pináculos en los extremos, marcando el tránsito a la casa rectoral. De ella se sabe que fue el carmonés Andrés Acevedo Fariñas, especializado en la construcción de remates, el encargado de finalizarla, a fines de 1784. Para ello hubo de partir de una base rectangular, mas como se pretendía que el campanario fuese cuadrado, ideó un podio terminado en barandal abalaustrado, en el que a través de unas volutas laterales decrecientes se pasase de una figura geométrica a otra. El conjunto así formado pretende unos aires de dinamismo que por supuesto no alcanza pese a lo bulboso del chapitel y a lo mixtilíneo de sus perfiles. No obstante, posee una gran prestancia y una calidad superior a la de muchas dependencias añadidas a la planta primigenia. Ese es el caso de la capilla de Jesús nazareno, situada en el costado derecho, donde se aprecia una solución muy tradicional en la región: el espacio cúbico coronado por bóveda hemisférica con linterna.

El edificio alberga numerosas piezas de interés. Entre ellas destaca el retablo mayor, obra del primer tercio del siglo XVIII, vinculable a José Fernando de Medinilla. Consta de banco, cuerpo dividido en tres calles y ático. Aquí se ubican, junto a la imagen de la virgen de la Piña, durante siglos venerada en san Felipe, que se atribuye a Roque de Balduque, dos relieves con escenas de la vida de san Bartolomé, cuya efigie de bulto, de la época del retablo, se halla también en el manifestador, y en el remate una Purísima asunta. En el cuerpo principal, a los lados de Nuestra Señora, están san Blas y san Cayetano, y sobre la mesa de altar un san Teodomiro de fines del siglo XVII y una santa Lucía manierista. Junto, dos consolas doradas de rocallas, a modo de credencias, y en los muros laterales las tablas con santa Catalina de Alejandría y san Pablo, ahora vinculadas a la producción de Juan de Mayorga, pese a haber sido identificadas anteriormente, con ciertas reservas, con las realizadas para esta parroquia por Jordán González en 1539.

Con el presbiterio comunican las cabeceras de la epístola y del evangelio. La primera con retablo de principios del siglo XIX dedicado a las Ánimas y a los santos Fernando, Blas y Juan Nepomuceno; escoltan su sagrario los diáconos Lorenzo, de fines del siglo XVII, y Esteban. De los muros cuelgan una Purísima de comienzos del siglo XVII, traída de san Felipe, una santa Bárbara del siglo XVIII, una copia del siglo XIX del san Félix de Cantalicio de Murillo, un san Antonio y un san José. Además, sobre unas cajoneras, la urna de rocallas con espejuelos conteniendo una virgen de Gracia del reinado de Felipe V con atributos de plata fechados en 1760. La cabecera del evangelio, antaño sede del sagrario, tiene un tabernáculo de estípites de la misma fecha, que sirve de trono a la Inmaculada Concepción, escoltada por los arcángeles Gabriel y Rafael, bajo un medallón con el sacrificio de Isaac, tema de clara adscripción eucarística. En el manifestador un niño Jesús de vestir coetáneo y en la mesa de altar un san Francisco de Paula y un san Antonio de Padua, con-

Torre de san Bartolomé.

Altar mayor de san Bartolomé.

temporáneos del retablo. Un zócalo de azulejos planos de 1567 más las lápidas de Juan de Escamilla Bazán y Violeta de Cabrera completan su decoración, junto a los cuadros con el bautismo de Cristo y san Nicolás de Bari del siglo XVIII, una sagrada familia, una Purísima, copia decimonónica de Murillo, un nuevo par de consolas de rocallas, tres sillones, así como una pila bautismal y dos lámparas de plata, una tardobarroca de san Blas y otra rococó con gallones.

Siguiendo por esta nave hallaremos un retablo de estípites consagrado a san José con un san Juanito en la hornacina alta. A ambos lados cuelgan dos de los cuatro lienzos de la primera mitad del siglo XVII, antes encastrados, con historias de santa Lucía. Los restantes, próximos a los pies, se sitúan en torno a otro tabernáculo semejante al josefino. En él se venera un san Isidro labrador con atributos de plata, bajo un san Miguel, quizás como recuerdo de su adscripción mariana, pues hasta fechas recientes sirvió de trono a nuestra señora de la Piña, con la que vino de san Felipe. Pero, antes se encuentra el dosel de talla dorada de la esclavitud de los

Santa Catalina de Alejandría. Presbiterio, Iglesia de san Bartolomé.

Retablo mayor de la capilla de Jesús Nazareno. Iglesia de san Bartolomé.

Dolores, que cobija la cruz procesional de carey y plata de Jesús nazareno, obra de Valentín Quarésima y Nuncio Onibense en 1690. Encima de la puerta norte un óleo con la Santa Cena de fines del siglo XVII, una Purísima del siglo XVIII con buen marco barroco y una maternidad, copia decimonónica de Murillo.

Luego, tras la sillería y el facistol, dos santos jesuitas de mediados del siglo XVIII y la serie de tres cuadros de fines del siglo XVII con los desposorios de la virgen, la visitación y la huida a Egipto. Y ya en el muro de la epístola, el trecentista cristo de san Felipe de tamaño académico al que profesaron gran devoción las gestantes de tiempos pasados. Debajo, un san Blas procedente de su iglesia esculpido a fines del siglo XVI, rodeado por una bula de 1616 y varias pinturas: san Pedro, copia de Gerard Seghers, san Juan Evangelista de hacia 1700, un *ecce homo* y un crucificado, los dos del propio siglo, si bien algo posteriores.

Tras el cancel meridional hay dos piezas de interés traídas de san Blas: las negaciones de san Pedro, debida a un romanista de fines del siglo XVI y la maternidad inspirada en una estampa flamenca del siglo XVII. Allí también, otra versión de María con Jesús en los brazos, de comienzos del mismo siglo, y un martirio de santa Bárbara ya del siglo siguiente.

Por su parte la capilla de Jesús nazareno cuenta con tres retablos. En el principal, de hacia 1730, el titular de la cofradía de penitencia, escultura de Francisco de Ocampo en 1607, con corona de espinas de plata, de 1683, y potencias de rocallas hechas por José Adrián Camacho en 1778. A este autor se debe asimismo el sagrario, con «partículas auténticas» de la columna y del sepulcro del redentor, hermosa pieza donada en 1777 por el padre Manuel Gil. Junto a él, las figuritas de los evangelistas Marcos y Juan y en las entrecalles, los repisones con los santos Francisco de Paula y Antonio de Padua, más los relieves con la oración en el huerto, el prendimiento, la flagelación y la coronación de espinas, una caída y la crucifixión. Arriba, en el ático, un medallón con la santa cena, sobre un niño Dios, del círculo de los Ribas, en el manifestador. En dos ménsulas laterales, san Francisco Javier y san Ramón Nonato.

El retablo correspondiente al muro oeste, datado hacia 1750 (por lo que no conviene identificarlo con otro anterior de 1693), está destinado a la virgen de los Dolores, obra de José Felipe Duque Cornejo en 1696 y reencarnada por su esposa María Francisca Roldán, especialista en este tipo de tareas, en 1697. Con ella componen las pequeñas efigies de san Felipe Benicio y de santa Juliana de Falconieri, cinco tarjas con la visión de los siete santos fundadores de la orden servita (Bonajuncta, Bonfilio, Maneto, Amadeo, Sostegno,

Hugo y Alejo Falconieri), la visitación, el encuentro en la calle de la Amargura, el calvario y la piedad, más una pinturita de carácter devoto, con la dolorosa como sacerdotisa, su primitivo atuendo.

Frente, otro retablo de igual cronología, que tampoco debe confundirse con el ejecutado por Juan del Castillo y Francisco Pacheco en 1709. En él aparece entronizada la divina Pastora de vestir que regaló fray Isidoro de Sevilla en 1708. En torno a ella, san Rafael y san Miguel, este último en calidad de mayoral del rebaño, y los relieves con la Trinidad, la Inmaculada y la Encarnación.

Dos ángeles lampareros del siglo XVIII con sendas aceiteras de plata, regalos de Juan Bordás Hinestrosa en 28 de enero de 1614 y de Bartolomé Ximénez del Hierro en 1771, benefactores de la corporación, cuyas laudas sepulcrales son de dichas fechas, completan el conjunto, en unión de la cruz alzada del XVIII con que las siervas iniciaban sus cortejos. Queda por último

San Blas. Iglesia de san Bartolomé.

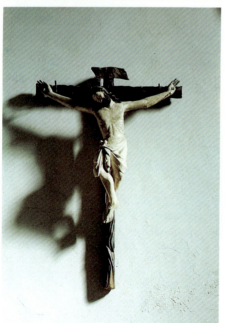

Cristo de san Felipe.
Iglesia de san Bartolomé.

señalar que en sala anexa a esta capilla se guarda el cireneo, muy roldanesco, ejecutado en Sevilla en 1700, quizás obra de Duque Cornejo padre.

Repartidas por diferentes dependencias parroquiales se hallan varias pinturas. De hacia 1550, considerada del «maestro de Zufre», hay una presentación de Jesús al templo; de comienzos del siglo XVIII, una Purísima, un Santiago el menor y un san Marcos evangelista; del segundo cuarto del siglo XVIII parece el descanso en la huida a Egipto; y ya de fines del siglo un arrepentimiento de san Pedro y cinco lienzos sacados de láminas originales del manierista holandés Wtewael, cuatro de ellos de tema bíblico y el restante con la conversión de san Pablo; en cambio, al siglo XIX pertenecen un san Francisco de Paula, una virgen del Carmen de Augusto Manuel de Quesada en 1864 y dos maternidades. Menos numerosas son las esculturas, pues se limitan a un crucificado del siglo XVI y a una dolorosa de fines del siglo XVII.

Entre las obras perdidas en los últimos tiempos cabe mencionar un retablo salomónico de la nave del evangelio, próximo a 1700, y otro rococó, procedente de san Blas, donde se veneró la virgen de Gracia, el cual en 1982 pasó al convento sevillano de las hermanas de la Cruz, quienes entronizaron a la imagen de la Salud con motivo de la beatificación y exposición permanente del cadáver de la fundadora sor Ángela Guerrero.

Pero en este recinto se guardan también importantes piezas de arte suntuario. De bordados sólo se destacan el guión sacramental de terciopelo rojo confeccionado en los albores del seiscientos. Muy superiores en número son, por el contrario, las de orfebrería, pues a las propias de esta iglesia se han ido uniendo las pertenecientes a las parroquias anexionadas en 1911, sin olvidar algunas procedentes del extinto colegio jesuítico de san Teodomiro.

Del primer cuarto del siglo XVI conviene señalar un portapaz de metal dorado con esmaltes en blanco, rojo, azul y verde, junto a un relieve con nuestra señora y su hijo en los brazos traído de san Felipe; al plateresco del último tercio pertenecen unas crismeras de hacia 1580, el portapaz de la Asunción, también venido de san Felipe, un par de cálices, uno de ellos liso y sobredorado, lo mismo que la cruz parroquial con esmaltes incrustados y el ostensorio con los evangelistas en la peana, estos cuatro procedentes de san Blas; y de fines de la centuria el astil y la copa de un cáliz, más una crismera dorada de san Felipe.

En cuanto al siglo XVII, hacia 1600 se fecha un copón con decoración grabada y un plato con una pareja de vinajeras a juego algo posteriores, igual que la corona y tres relicarios, dos de los cuales fueron de san Blas y de san Felipe; del primer tercio parecen las cruces protobarrocas con escenas de la pasión: la oración en el huerto, la flagelación, la coronación de espinas y la calle de la Amargura en la manzana, y con los relieves de la Asunción y de la transfiguración en el crucero, mientras que los ciriales de la Compañía y la naveta con incensarios a juego de san Felipe pueden considerarse próximos a 1650. Por otra parte están perfectamente datadas una lámpara de 1669 y un libro de 1675; queda por indicar una pequeña cruz de las postrimerías de la centuria.

Todavía más numerosas son las ejecutadas a lo largo del siglo XVIII. Entre las tardobarrocas mencionaremos un relicario; los ojos de santa Lucía, de 1704; el báculo de san Blas, de 1700 aproximadamente, y el portapaz con la efigie del propio santo donado a la parroquia por el marqués del Saltillo en 1726; tres coronas; una bandeja, un relicario con el punzón de Escamilla y el astil del guión sacramental. Del estilo rococó citaremos como anónimas un cáliz labrado para san Felipe hacia 1770; dos ciriales; dos portapaces con san Bartolomé; un relicario y el portaviático de la sacramental de san Blas, costeado en 1791; del taller de Camacho dos pértigas de san Felipe y un libro de plata; de Cárdenas, un cáliz y un copón; de Alexandre una peana para cáliz, dos pértigas y un portaviático traído de san Felipe; de Ruiz las pértigas de san Blas; de Espiau con García un cáliz y con Sánchez otro de igual tamaño; de Moreno: un cáliz y un copón; de Flores un cáliz; de Gargallo en 1792, un par de juegos de vinajeras de san Blas; de Rodríguez, un tintero; y de México un ostensorio donde alternan las rocallas con elementos característicos del estilo imperio.

Menos abundantes son los del siglo XIX: una cruz rococó de 1804; dos parejas de vinajeras, de las cuales, las pertenecientes a san Felipe se hicieron en Córdoba por Vega y Martos; un cáliz de Flores; un copón de P. Salas y un juego compuesto de cáliz, vinajeras, campanilla y platillo, procedente de san Blas, labrado en Jaén por Andrés Guzmán y Sánchez en 1805.

Finalmente hay que destacar el rico ajuar de la cofradía penitencial, fundada en nuestra señora del Real allá por el año de 1564, pues posee magnífica soga de filigrana adquirida en 1696 en la feria de Guadajoz; las andas procesionales de la dolorosa, cuyo baldaquino de terciopelo negro tachonado de estrellas de plata en su interior y con la profecía de Simeón: TVAM IPSIVS / ANIMAN PERTRAN / SIBIT GLA / DIVS LVCae CAP. 2, desplegada a lo largo de la bambalina exterior poseyó, hasta 1923, ocho varales construidos en 1695 por Simón López Navarro, mientras que la peana no se ejecutó hasta 1726-1728 por Antonio Luna, Gabriel Cárdenas y Juan de Cárdenas sucesivamente. Entre los bordados la túnica del nazareno, realizada por sor María de Castro en 1768, el manto procesional de nuestra señora, estrenado en 1903 por la Esperanza de Triana, y en especial, el estandarte dieciochesco de la esclavitud.

Casa de los Domínguez.
31 [7-E]

Buen edificio civil de san Bartolomé es la casa de los Domínguez, obra dieciochesca provista de portada de líneas sobrias labrada en ladrillo, con tejaroz protegiendo el balcón, y bello pescante de forja, característico del momento. Pero, sin duda, lo más destacable de ella es la presencia, aún, de la ornamentación geométrica a base de circunferencias encadenadas, incisa en el enlucido de sus fachadas, como muestra de la que caracterizó nuestra arquitectura barroca. En el interior sobresale el patio, con tres galerías inferiores porticadas sobre columnas de mármol, mientras en el alto se cierran por balconadas.

Próxima a ésta se encuentra la casa de la calle Domínguez de la Haza número diez, en la que cabe destacar una pintura del siglo XVIII representando a la virgen del Rosario con santos dominicos.

Casa de los Domínguez.

Casa calle Sancho Ibáñez, 26.

Casa c/. Prim, núm. 30. 32 [7-D]

Un edificio decimonónico burgués, de dos plantas, es la casa de la calle Prim número treinta. En el alto dos cierros de fundición escoltan el balcón principal.

Casa c/. Sancho Ibáñez, núm. 26. 33 [7-D]

Es la casa de la calle Sancho Ibáñez, número veintiseis, también perteneciente a la collación de san Bartolomé, una mansión dieciochesca con hermosa fachada presidida por la portada principal de mampuesto con pilastras almohadilladas y volada cornisa rota, que favorece el perfil quebrado del barandal del balcón superior, coronado por frontón curvo. El resto de la pared se encuentra cortado en tramos por pilastras de orden gigante, en los cuales se sitúan los cierros de ambos pisos.

Casa de los Caro. 34 [7-D]

En el número diecisiete de la calle Sancho Ibáñez está la casa de los Caro, con portada dieciochesca enmarcada por pilastras toscanas en el cuerpo inferior, sobre cuyo entablamento se sitúa el balcón principal rematado en frontón roto, entre sendos pináculos. Encima del dintel de la puerta aparece el escudo de armas de la familia. En el interior destaca el apeadero de galerías porticadas con arcos rebajados sobre columnas en el bajo y balcones en el alto.

Casa de don Diego de Zafra. 35 [7-C]

Ya en la collación del Salvador hallamos la casa de Diego de Zafra, jurado que la comenzó en 1723, cuando la encargó al maestro albañil Juan A. de Miranda. Posee fachada en chaflán donde se encuentra la portada principal, con pilastras toscanas y frontón triangular roto para poder practicar el cierro superior, coronado por frontón curvo entre pináculos de doble pirámide.

Casa c/. Juan Carrera, núms. 1 y 3. 36 [8-C]

Obra decimonónica, es la casa de la calle Juan Carrera, números uno y tres, con jardín delantero.

Casa del Ave María. 37 [8-C]

En la antigua collación de la prioral, encontramos la llamada casa del Ave María, en la calle Juan Carrera, número siete, cuyo nombre lo debe a la leyenda de la cartela que presenta sobre el despiezo del dintel de su puerta. En ella estuvo establecido el beaterio o casa de amparo de niñas huérfanas, de tanta tradición en la ciudad, cuya titular, imagen de vestir con Jesús en los brazos, obra próxima al círculo de Cristóbal Ramos, con atributos de la época, se ha venerado hasta fechas recientes en el monasterio de Madre de Dios. Presenta fachada sobria de paramentos lisos encalados con portada cuartelada de piedra, fechable en torno a 1600.

Casa c/. Elio Antonio, núms. 13 y 15. 38 [8-C]

La casa de la calle Elio Antonio números trece y quince tiene patio reformado en el modernismo del presente siglo, con galerías sujetas por cuatro columnas de fundición, zócalo de cerámica y arranque de escalera cobijado por una gran arco, mostrando por todo ello ciertas concomitancias con la tipología del patio gaditano consagrado en el neoclásico; las sugerencias de la bella época se refuerzan con las palmeras y quencias que lo adornan.

Casa c/. Antonio Quintanilla, núm. 3. 39 [8-C]

La casa número tres de la calle Antonio Quintanilla conserva restos de columnas romanas que aumentan el interés de esta edificación popular del siglo XVIII.

Casa c/. Fernán Caballero, núm. 5. 40 [8-D]

La casa de la calle Fernán Caballero, esquina a la del Aire, presenta una fachada con sobria portada dieciochesca entre pilastras. En el interior destaca el patio, de arcos rebajados, quizás del siglo XVI, sobre columnas toscanas de mármol en el bajo y galerías cerradas en el alto.

Convento de Madre de Dios. 41 [8-D]

Aunque se cree que la comunidad dominica de Madre de Dios es anterior a la de Concepción por haber dado sus primeras muestras de actividad a fines del siglo XV o comienzos del XVI, el hecho de no conseguir la aprobación canónica hasta el año catorce o quince del último siglo, impide que dichas fechas se consideren como fundacionales. Sea cuando fuere, sí parece cierto que la sede matriz estuvo situada en la propia collación de nuestro señor el Salvador, en la calle de la Cárcel, entonces llamada de Juan Cabra. No debía ser amplia ni cómoda porque al poco tiempo, en el año veinte, se trasladaron a la esquina de la calle del Aire, pese a que su venta se cerró en 1528. A partir de ese momento comenzó a configurarse el edificio actual, integrando la trama urbanística del viejo casco medieval, una constante histórica, como hemos visto, en la formación de la mayoría de los cenobios españoles, pues en palabras de Sánchez Albornoz: «... si las iglesias se hicieron por lo regular de nueva planta, los edificios de vida monástica fueron el resultado de encerrar dentro de altas tapias, casas, palacios y calles, formando así enormes e irregulares manzanas que amenazaban absorber todo el recinto murado». De este modo, partiendo de las primeras fincas se pasaría por diversos estadios para finalmente llegar a su extensión máxima ya entrado el siglo XVII.

El 20 de marzo del 1520 don Gonzalo de Andino otorgó testamento ante Diego Farfán, escribano público de Carmona, revocando uno anterior. Por las nuevas mandas, después de la muerte de su esposa, cedía a la priora y monjas de Madre de Dios sus viviendas a fin de que se instalaran en ellas con mayor desahogo. Sin embargo desde entonces podían disponer de una parte: la finca previamente adquirida al doctor Juan de la Barrera, más la cuadra con su alto y patio pequeño. Pasados unos días, el 27 del referido mes, fray Antón Criado tomaba posesión en nombre de sus hermanas de religión de las primeras casas entregadas por Andino. Sin embargo, el lugar resultaría todavía bastante pequeño y por eso las dominicas se vieron obligadas a comprar la vivienda paredaña a las recibidas en donación. Con dicho espacio, comprendido aproximadamente por el ancho de la iglesia actual, desde la puerta tapiada, por donde desembocaba a la plaza mayor el llamado callejón de los Toros, hasta el coro, se formó el embrión del convento. Sus obras de adaptación debieron llevarse a cabo con gran celeridad, por cuanto el 3 de noviembre del expresado año de 1520 se instalaron las religiosas en el nuevo edificio, en el que contaban ya con estrecho claustro, coro, dormitorio, torno, otras escasas dependencias y diminuta capilla, desde entonces paralela a la calle Madre de Dios, donde recibió sepultura el 8 de marzo de 1523 el capitán Andino.

Artísticamente, la estancia más interesante del edificio, cosa lógica si consideramos su carácter sacro, es sin lugar a dudas su iglesia, tan expresiva de los gustos populares andaluces, puesto que en ella se aúnan con armonía las dos corrientes estéticas de máximo arraigo en la región: el mudéjar y el barroco. Trazada en 1542 por maestros locales dentro de los cánones propios del primero de los estilos: suelos de ladrillo -antes cubiertos por esteras- y el correspondiente artesonado de pino de segura, fechado en 1606, su construcción se dilató mucho tiempo. Consta que en 1562 se llegaba al arco toral y que en 1569 se concluía el coro, a la vez que se emprendía un exiguo presbiterio provisional, previo al existente en la actualidad, terminado en 1570, según confirma la traída de un altar para el mismo en el mes

Convento de Madre de Dios. Retablo mayor, bóveda del presbiterio, muro de los coros y muro de la epístola.

de diciembre de ese año. Durante dicho periodo, por suerte, conocemos la identidad del alarife encargado de su dirección: Alonso Rodríguez. Habría que esperar al priorato de sor Elvira Caro, en 1612, a que se planease la capilla mayor definitiva, con la que la iglesia tomase «la medida geométrica bajo cuyas dimensiones fue delineada y se formó su planta»; de ahí que se concibiese de acuerdo con el protobarroco imperante por esas fechas en nuestra arquitectura: un espacio cúbico coronado por un sencillo casquete hemiesférico con cuatro óculos alternando con otros tantos querubes y los emblemas del orden de predicadores y del misterio de la encarnación -la jarra con tres azucenas-, en las correspondientes tarjas de cada pechina.

En cuanto a los interesantes objetos de culto que la decoran destacaremos primeramente el retablo principal, concertado en 1630 con Jacinto Pimentel, un escultor poco estudiado pero que gracias a recientes descubrimientos se perfila como una de las figuras cumbre en la Sevilla de su época. Tardó un par de años en construirlo, pues su inauguración tuvo lugar el día del bautista de 1632. Preside un relieve con la anunciación, escoltado por las figuras exentas de los santos Juanes, santo Domingo de Guzmán y santo Tomás de Aquino bajo un relieve con la Trinidad y sobre las pinturas -muy populares- del banco: san Vicente Ferrer y santa Catalina de Siena. Y aunque el dorado se encargó a Jacinto de Soto durante el trienio del treinta y uno al treinta y tres, burdos repintes afectan a su imaginería, mermando su calidad plástica e impidiendo una justa valoración estética y estilística de las mismas, esenciales para conocer la trayectoria evolutiva de su autor y de la propia escuela hispalense.

Dentro de este capítulo de reformas hay que mencionar la de octubre de 1788. Consistió en la sustitución del viejo manifestador por el actual de rocallas, con un costo de mil trescientos reales. De fines del siglo XVII deben ser los cuadros colgados en los muros del presbiterio: la adoración de los pastores y la epifanía, y ya de 1700, «siendo dignísima priora la madre sor María Cansino», los motivos dorados que cubren por completo sus paramentos, de cuya realización queda constancia sobre el ingreso a la sacristía.

Pasando a la nave destacaremos como elementos de singular importancia las yeserías ejecutadas en 1671 por Julián Ximénez, un maestro local a quien no debemos confundir con su homónimo el conocido retablista del siglo XVIII. De pesadas líneas, repletas de carnosa hojarasca, las encontramos en las cornisas, enmarcando ventanas y buena porción de lienzos de igual época. Las pinturas parecen obra de un imitador poco aventajado de Francisco de Zurbarán y se disponen en tres niveles: el central con la encarnación entre san Jacinto y santo Tomás de Aquino en los entrecoros, Tobías y el ángel y la Magdalena en los testeros colaterales, más ocho historias del fundador en los costados; los restantes, salvo el situado encima de la clave del arco de triunfo, con un crucifijo de papelón, se destinan a los bienaventurados del orden de predicadores, jerárquicamente dispuestos hacia el altar mayor: los quince superiores corresponden a la rama masculina y los ocho inferiores a la femenina (Rosa de santa María y Catalina de Siena frente a Margarita de Castelló, a la beata Columba, etcétera).

Con ellas, alternan los jaspeados, de los retablos neoclásicos con san Martín de Porres -antaño dedicado san José-, san Vicente Ferrer y santo Tomás de Aquino. Estos últimos de hacia 1800 y sus imágenes del siglo XVIII de vestir. Más los del retablo neobarroco con la virgen de Fátima, labrado en septiembre de 1960, en precio de sesenta y dos mil ochocientas cincuenta pesetas, por Francisco Ruiz, el famoso «maestro Curro». También los dorados del altar, de estípites y cuajado de flores, de santo Domingo de Guzmán, con talla quizás del siglo XVI, revestida en las ocasiones solemnes con ricos hábitos dieciochescos, y buenos atributos de plata: banderola de fundador y libro con azucenas; la cratícula rococó, repleta de querubes, serafines y espejuelos embutidos; el púlpito con su tornavoz, rematado por figurita del doctor angélico y escala a juego pagados en septiembre de 1780 y marzo de 1782, con un montante total de mil cuatrocientos cuarenta y cinco reales y medio, si bien no recibieron el dorado, junto al expresado manifestador, hasta 1788, en precio de dos mil reales; el tabernáculo tardorrococó con la virgen de la Encarnación, imagen que parece obra del círculo de Jorge Fernández Alemán, en cuyo camarín, por la cara interior, se lee: «se acabó de madera, año 1783 y se doró año 1788, siendo priora la muy reverenda madre sor Josefa Cansino y subpriora la muy reverenda madre sor Ana María de Lara». Nuestra señora de la Encarnación; es titular del monasterio, posiblemente de los primeros tiempos de la comunidad, según confirman los libros de fábrica. En estos se habla también de una «restauración» de la imagen en mayo de 1778, evaluada en cuarenta y nueve reales y medio, lo que indica el escaso alcance de la misma, quizás reducida a una mera colocación de ojos de vidrio, pestañas postizas y algún repinte. Tampoco faltan las caobas del cancel neoclásico de la iglesia, a las que se unían las correspondientes al retablo de rocalla decadente con santa Catalina de Siena, hermosa pieza destruida en junio de 1986 por la vorágine de san Pancracio. Corrió mejor suerte la efigie de la fundadora, obra barroca de hacia 1700, próxima al estilo de José Felipe Duque Cornejo, a la que sólo dañó la encarnadura, aunque no por ello ha sido restaurada y repuesta al culto.

Una blanca reja, característica de los conventos de dominicas, sobre azulejos de aristas del siglo XVI en el poyo, marca el tránsito al coro, el «lugar sagrado de Dios y de los santos ángeles», según Tomás de Kempis en su *Disciplina Claustral*, donde debían interpretarse los himnos de reverencia y de devoción. Éstas religiosas de Carmona manifestaron siempre una considerable preocupación por el decoro de la música litúrgica. Prueba de ello es el siguiente párrafo extraído de las *Memorias cronológicas del monasterio de la madre de Dios de la ciudad de Carmona*, manuscrito en 1792, el cual dice así: «ajustó [sor Elvira Caro en 1609] un nuevo órgano con un maestro de Sevilla, en todo semejante a el de la capilla de la Antigua de su iglesia catedral; mas pareciéndole después que éste no llenaba las ideas de piedad y devoción con que quería la celebración de los oficios de la iglesia, concertó otro de un doble precio, y que para aquel tiempo sería suficiente valor de una grande obra. En efecto, se entregaron 300 ducados que se concertaron por el órgano y además se buscó una monja hábil que supiese manejarlo. Ésta fue la madre sor Sebastiana de Figueroa, insigne organista y muy instruida en todo género de canto, que fue como la maestra de las monjas instruidas que siguieron hasta el principio de este siglo. Por mucho tiempo conservó el convento entre sus monjas una agradable capilla de música con instrumentos de boca y de cuerda: el libro de asiento conserva el precio de un bayón y hay muchas datas para habilitar el arpa y pagar las chanzonetas o villancicos que es lo mismo. Después de mediado el siglo último compró el convento el órgano presente, porque el anterior salió de mala construcción y su conservación era costosa. Los libros de canto y servicio del coro fueron muchos obras de sus días; y en punto del culto de Dios y devoción del oficio de la iglesia hizo cuanto pudo por llevarlo a el grado más alto y más decente».

Por la circunstancia de haber permanecido durante siglos reservado a la sola presencia de las dominicas, el coro es también la parte más íntima y recogida de la capilla, aquélla que expresa mejor la sencilla y a la vez profunda religiosidad de unas mujeres entregadas, en muchos casos desde su infancia a la vida contemplativa. En el coro alto quedan únicamente las celosías de carpintería, arregladas en 1611, y la armadura mudéjar. Fue realizada por un maestro anónimo en 1574, que la concibió repleta de estrellas y lazos de a ocho intercalados con los anagramas de Jesús y María, unidos a su vez por el símbolo del Salvador: el mundo coronado por la cruz. En el sotocoro, aparte del órgano neoclásico traído de santa Catalina y de la austera sillería decimonónica, destaca la techumbre de madera, de 1606, la solería de olambrillas de cuenca de 1609, los lienzos del siglo XVIII con la Trinidad, el cristo de la Humildad y Paciencia, la santa faz, san Francisco de Paula, santo Domino de Guzmán y san Francisco de Asís, los dos últimos a juego y con atributos de plata repujada, sobrepuestos, e igual que la mayoría provistos de buenos marcos tallados y dorados de la época; el crucifijo del siglo XVI de encima de

Sotocoro. Convento de Madre de Dios.

la reja, las vitrinas del siglo XVIII con sus repisones de rocallas para las sacras y los candelabros, a menudo emparejados con galerías de carnosa hojarasca, flores y querubres, de donde penden los doseles y pabellones -a veces con el emblema del orden de predicadores- que cobijan una pequeña dolorosa genuflexa con los dedos entrelazados, la virgen de Gracia, la Inmaculada, la divina Pastora -todas de vestir-, el arcángel san Miguel -manierista aunque muy intervenido en el siglo XVIII-, un nazareno de hacia 1700, un *ecce homo* de busto, un san José de 1800 aproximadamente y el tabernáculo del santísimo, antiguo baldaquino y arca eucarística del jueves santo, ejecutado por Francisco Ruiz en 1960.

En Madre de Dios, pese a la mella que la penuria económica de tiempos recientes ha supuesto en la conservación de su patrimonio, todo aparentemente sigue en su sitio, dispuesto con candor e ingenuidad, pero con la profundidad espiritual, con el halo de misticismo y transcendente sobrenaturalidad que caracteriza a las clausuras. De ahí que nada resulte superfluo, que nada sobre; interesa más la visión de conjunto, el armonioso conjunto dejado por los siglos que el detalle concreto o la calidad particular de cuantas piezas lo

Jesús Nazareno. Sotocoro convento Madre de Dios.

integran. Sin embargo es lástima que esta capilla, concebida lo mismo que las restantes conventuales femeninas, no sólo de Carmona, sino de algunos pueblos de la baja Andalucía (el Puerto de santa María, Morón de la frontera, Osuna, Sanlúcar de Barrameda), con portadas gemelas en el costado del evangelio casi siempre, haya tapiado en septiembre del año 1960 la más próxima a la cabecera, con objeto de instalar en su interior un retablo contemporáneo. Y es que aparte de las puntualizaciones sobre su origen y finalidad hechas al tratar de santa Clara y de Concepción, éstas tenían un aspecto práctico: permitir la separación de hombres y mujeres en el cuerpo de la iglesia durante los cultos y el que la procesión con Jesús sacramentado, precedido por la beata Juana de Aza, san Vicente Ferrer, santo Tomás de Aquino, santo Domingo de Guzmán, san Miguel arcángel, la virgen de la Encarnación y el niño Dios -cariñosamente apodado por las monjas, en base a sus ornamentos sacerdotales, «el curita»-, que se celebraba la mañana de la dominica infraoctava a la festividad del *corpus Christi*, en cumplimiento de la bula concedida a los *canes domini* por san Pío quinto (ratificada en 1733 por Clemente XII), pudiera efectuar sus salidas y entradas en el templo, de acuerdo con secular costumbre, por sendas puertas, de modo que visitase el coro antes de recorrer las calles y luego, ya de regreso, se aproximase directamente al altar mayor para la bendición final y la correspondiente reserva. En suma, el *per longiore* de la ida, frente al *per breviore* de la vuelta recomendados por la liturgia romana.

Dentro del presbiterio, en el lado de la epístola, un vano con dos hojas talladas en torno a 1700 dan acceso a la sacristía, donde es preciso señalar una importante colección de azulejos de cuerda seca de mediados del siglo XVI con motivos de lacería, más cuarenta y nueve dieciochescos con escenas de montería y de danza. También destacan los cierres de una alacena de fines del siglo XVII, con la cruz de Malta.

Paralelo a la iglesia se encuentra el claustro. Está concebido de acuerdo con los cánones de la estética mudéjar de tanto arraigo en la comarca, pero por haberse construido en fecha avanzada del siglo XVI, concretamente entre 1556 y 1570, revela ya los influjos del renacimiento. Al frente de las obras estuvo Alonso Hernández y en ellas invirtieron veinte ducados, doscientos treinta y dos reales y cuarenta y seis mil cuatrocientos veinticuatro maravedíes. Su planta algo irregular, es trapezoidal y presenta galerías porticadas en las crujías del bajo. Todas ellas, menos la sur, con cuatro, provistas de tres arcos, rebajados en la meridional y en la oriental, peraltados en la de poniente, y de medio punto en la septentrional. Los arcos están inscritos en sus respetivos alfices y apeando sobre columnas toscanas de ladrillo, a excepción del costado norte que lo hace sobre pilares cuadrados, quizás en señal de mayor antigüedad. Las cubiertas en su origen debieron ser iguales a las existentes todavía en el último de los corredores mencionados, es decir, a base de vigas de pino y ladrillos, de gran efecto plástico, muy distinto al presentado por los demás, con cielos rasos de escayola procedentes de modernas «restauraciones».

En cuanto a las galerías altas es preciso añadir que cada una es diferente. Parece que la primera en levantarse fue asimismo la septentrional. Lo pesado de sus líneas, su tremendo sentido de la intimidad y el temor a la apertura de grandes vanos así lo revelan. Presenta sólo dos ventanales con arcos rebajados, uno de ellos de mayores proporciones y pilar achaflanado a modo de parteluz, enmarcados por sendos alfices. Le siguió en el tiempo la este, paralela al cuerpo de la iglesia, donde se observan ya arcos carpaneles sobre soportes latericios semejantes a los del bajo, si bien sus ejes no se corresponden, puesto que aquí el número de vanos es superior, cuatro. Las otras dos alas quedaron descubiertas en forma de terrazas. Sin embargo, la oeste entre 1818 y 1985 se cubrió con objeto de habilitarla para celdas, iluminadas por balcones adintelados.

En el ángulo sureste del claustro se abre una pequeña portezuela de acceso a la capilla. A la derecha se encuentra la antigua sacristía, de 1542, que conserva las cubiertas de pino y las solerías de ladrillo originales y una alacena con cierres de flandes tallados hacia 1770, donde aparecen las primitivas armas de los predicadores, del santo oficio -tan vinculado a los *canes domini*-, el cordero sobre el libro de los siete sellos y la apoteosis eucarística. A la izquierda existe otro par de puertas de doble hoja, un tanto elevadas sobre el nivel del patio, que dan a los camarines de la virgen de la Encarnación y de san Martín de Porres con doble finalidad. De una parte la meramente funcional: el aderezo de las imágenes; de otra, la cultual: el barroquísimo efecto, tremendamente teatral y barroco de la luz tamizada que se filtra por detrás del simulacro, lo envuelve con sus dorados matices, diluye sus contornos, aumenta su carácter sobrenatural y propicia una especie de visión celeste, de milagrosa aparición, casera e íntima, atractiva y sensual, a la medida y al gusto de cada devoto.

En el extremo nororiental, bajo tres azulejos planos de fines del siglo XVI con la apoteosis del dulce nombre de Jesús entre los bustos de san Francisco de Asís y de santo Domingo de Guzmán, está la entrada al sotocoro, cuyas hojas, de cuarterones, se labraron en 1609. Y en lugar inmediato, según otra fórmula habitual en el mudéjar, hallamos la escalera, fechada en 1579. Por ella llegaremos a las galerías superiores del claustro, al coro alto y a la espadaña, construida durante los años 1621-1623, cuando se pagaron mil setenta y tres reales por materiales y mano de obra, para sustituir a la anterior que se encontraba en ruinas, hecha entre 1562 y febrero de 1566.

A continuación, en el sector septentrional, los dormitorios, de 1563, y luego, hacia poniente, en el solar de las casas que pertenecieron a la capellanía fundada por Guiomar Rodríguez «La Rafela», la estancia de mayor envergadura arquitectónica de la clausura: el refectorio. En él destacan el artesonado de 1606, idéntico al del sotocoro, la solería y el portaje de 1609, el banco corrido de mampuesto, el púlpito para las lecturas piadosas con que las monjas acompañan sus comidas, los lienzos del siglo XVIII con san Miguel arcángel, la purísima Concepción, la dolorosa, san José y el bautista en sus versiones de niño y hombre, más el santo Domingo en Soriano provisto de buen marco de la época, vinculable a la paleta de Juan del Castillo. Mediante torno comunica con la cocina, reedificada en 1911 por las propias religiosas, ya que la vieja, del siglo XVI, estaba completamente arruinada. No así la antecocina, con crujía central de doble arco de medio punto sobre columna toscana de ladrillo. Próxima a ella se sitúan las clases colindantes con la casa de los Caro, con techumbres de madera, de 1606, en todo semejantes a las del sotocoro y refectorio. No menos interés muestra el callejón de los Toros, resto del antiguo viario medieval absorbido por el convento; o la «casa de la contaduría», anexionada en 1580 con objeto de instalar en sus dependencias el torno. Ésta tiene pilarete mudéjar donde apean tres arcos de distinto peralte en diminuto patinillo de paso al locutorio, construido en 1633, con reja dividiéndolo en dos espacios comunicados por pequeña portezuela: uno muy «restaurado» para las visitas, otro intacto con vigas de pino, suelos de ladrillo, azulejos trianeros enmarcando el vano, para las monjas. Aquí cabe destacar la ambientación: los muebles decimonónicos; los cuadros del siglo XVIII, muy populares, con el beato Juan Grande, san José, santo Domingo de Guzmán y santo Tomás de Aquino; la alegoría del sagrado corazón de Jesús bordada en 1900 por sor Antonia Pedreño; o el crucifijo tallado a comienzos del periodo gótico.

Repartidas por distintos puntos de la clausura se hallan las efigies del niño Dios apodado «el curita», la virgen del Amparo, traída del colegio de niñas huérfanas, la santa Juana de Aza, el diminuto san José, tardobarroco, con restos de la primitiva policromía, o la dolorosa genuflexa de terracota y paños encolados. Aparte, los restos de una importante colección de piezas suntuarias que poseyó este monasterio. Entre los bordados hay que mencionar los adornos del púlpito y un hábito de santo Domingo de Guzmán, ambos con motivos de rocalla decadente, así como el traje rojo -en calidad de esposa del espíritu santo- de la virgen de la Encarnación, identificable con el regalado por sor María Romero, tras revelarle en sueños la propia imagen el color y el tejido que más le agradaban para su atuendo. Y es que a esta religiosa, priora en 1692, se atribuyen no pocos prodigios. Entre la orfebrería quedan las coronas y atributos: cetros, lunas, ráfagas, etcétera, de los simulacros venerados en la iglesia, el rostrillo de filigranas de la titular y un par de cálices: uno de base estrellada, otro rococó.

SAN SALVADOR

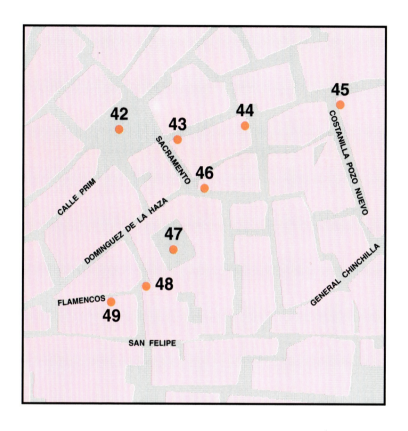

Plaza de Arriba. 42 [8-D]

Con toda la singularidad de los edificios civiles de la ciudad acaso lo más llamativo de la arquitectura privada lo constituyan las fachadas de la plaza de Arriba, lugar público por excelencia de la Carmona intramuros.

Plaza de Arriba, costado oeste.

Plaza de Arriba, costado norte.

Aunque según Richard en España no existe un tipo regular de plaza mayor, la de Arriba o de san Fernando, antes de san Salvador y otros muchos nombres, igual que la de Écija, Marchena o Jerez de la Frontera, entronca con los modelos castellanos, tan poco habituales en Andalucía pese a que la primera de este género, con los cuatro costados cerrados, se hiciese en Córdoba. Y es que con sus innumerables balcones y miradores abiertos a la amplitud de su recinto, se acomoda bastante bien a la forma y función que el concepto teatral de la vida les confirió durante el periodo barroco, pues con su espacialidad reclusa, volcada hacia el interior, responde a un sentimiento de intimidad propio del mundo islámico, que, a través del claustro monacal, cuaja en esta solución síntesis de la estética del momento: la ciudad convento. No en vano, lo mismo que sus hermanas se concibió a modo de escenario de cuanto acontecimiento urbano se preciase.

En ella, en su extremo noroeste, destaca la casa de la antigua audiencia, levantada en 1588, con fachada de gran sencillez, característica del manierismo, a base de una excelente portada adintelada entre pilastras jónicas coronadas por sendas cartelas y una lápida en el dintel con texto alusivo a su construcción, escoltada por un par de ventanales, planta alta con balcón corrido de cinco arcadas de ladrillo sobre columnas de mármol blanco y, por encima, el encalado mirador del monasterio de Madre de Dios, con otros tantos vanos rectangulares, además del orientado al sur, tras cuyas celosías

Plaza de Arriba,
costado este.

Plaza de Arriba,
costado sur.

las religiosas podían observar sin ser vistas el tráfago diario y festivo de la vida callejera; se labró en los últimos meses de 1612 y comienzos de 1613, siendo preciso rehacerlo en 1815 a causa de la ruina, con un costo de cuatro mil trescientos cincuenta y siete reales, más trescientos veinte de una reja.

Junto a ella, pasado el callejón del Torno, encontramos dos nuevas construcciones, la primera edificada en fecha avanzada del siglo XVI, quizás en el tercer cuarto, dada la presencia de elementos renacientes en sus columnas latericias, muy próximas, estéticamente hablando, a las existentes en algunas clausuras de la ciudad; en el bajo el ingreso es adintelado y los dos balcones superiores, uno por planta, geminados. La segunda, esquina con la calle de Oficiales (ahora calle Prim), es anterior, posiblemente del segundo cuarto de la centuria, con buena porción de azulejos de la época en los pisos altos, con vanos también geminados, de medio punto peraltado, con dovelas despiezadas en alternancia cromática, inscritos en sus respectivos alfices, con parteluces marmóreos de estilo renacimiento, mientras el mirador sigue la línea del de Madre de Dios.

La otra esquina de la calle de Oficiales la ocupa una casa construida asimismo a fines del siglo XVI. A continuación siguiendo la acera, justo en el solar de la primitiva fábrica de san Salvador, se encuentran unas casas levantadas en los últimos años del siglo XVIII, dentro del clasicismo imperante en la época, con un cuerpo central de triple arcada en los dos altos,

en medio de una docena de balcones.

De comienzos del siglo XVII, aunque bastante remozadas en momento avanzado del periodo barroco, quizás como consecuencia de los estragos del terremoto de Lisboa en el caserío carmonense, pueden considerarse las del testero oriental. En cuanto a las correspondientes a la manzana norte, diremos que son análogas desde su mediación hasta la calle Madre de Dios, pues el resto estuvo ocupado hasta fechas recientes por el casino, típica casa burguesa de hacia 1900, con cierro de fundición de influencia isabelina, que sustituyó a la cárcel, labrada a mediados del siglo XVI, cuando las dominicas consiguieron la cárcel vieja, contigua a la audiencia, de la que tomó posesión fray Vicente de la Fuente en 9 de septiembre de 1554, a fin de levantar en ese lugar la capilla mayor de su iglesia. Ahora, encontramos una construcción postmoderna, bajo la que aparecieron restos del foro romano.

Plaza de Arriba.
Casa de la esquina suroeste con calle Prim.

Plaza de Arriba.
Balconadas del costado este.

Ayuntamiento. 43 [9-D]

El edificio del antiguo colegio jesuítico alberga en la actualidad las casas consistoriales. Y aunque con frecuencia se ha repetido que su construcción se remonta a 1619, nuevos datos hallados nos indican que no pudo producirse antes de 1621, fecha en que las trazas fueron enviadas a Roma para obtener el obligado visto bueno del general de la compañía, diseño que desde luego debió ejecutarse entonces, dado el apretado calendario de su autor: el hermano Pedro Sánchez, proyectista de casi todas las obras arquitectónicas de la provincia Bética ejecutadas en el primer tercio del siglo. Quizás en 1619 comenzaron las adquisiciones y posteriores derribos de las viviendas y oficinas sobre cuyos solares se alzaría la nueva casa, incluso puede que alguna de ellas se adecentase provisionalmente. Pero parece imposible que los hijos de san Ignacio comenzaran la obra sin proyecto alguno, todo lo más que se hiciera sin aprobación definitiva de Roma al menos en lo que se considera-

Plaza de Arriba.
Casa esquina a Martín López.

Plaza de Arriba.
Casa esquina a El Salvador.

Algarada. Oleo sobre lienzo de José Arpa Perea. Colección del Excmo. Ayuntamiento.

se conflictivo, lo que en definitiva nos llevaría más allá de 1621. Precisamente, el 6 de diciembre de 1621 el concejo acordó conceder a los regulares de la Compañía una ayuda de seiscientos ducados para «labrar las escuelas», de los que, por lo pronto, adelantaría doscientos, estando el colegio ya construyéndose hacia el frente de la calle Conde de Rodezno. La obra concluiría hacia enero de 1636, en que se iniciaría el alzado de la calle Sacramento.

El colegio se distribuyó en dos plantas desplegadas en doble crujía en torno a un patio cuadrangular cerrado por galerías que, rítmicamente, daban acceso a las distintas dependencias, excepción hecha de la cocina, el fregadero y las secretas, amén de alguna que otra de idéntica ralea, que se desarrollaron alrededor del «patinillo de bases», satélite de aquél. La planta baja se techó por medio de bóveda de cañón con lunetos y la alta por enmaderamiento bajo cubierta a dos aguas, dando lugar a un desván gatero, practicable sólo para la limpieza. Con una tercera planta se completaron los torreones de los ángulos. El conjunto se cerró con un sótano techado por cañón, que aprovechando la pendiente de la calle Sacramento siguió el trazado de las crujías en tres lados del patio; sótano al que se entraba por una escalera interior, inmediata al muro de cierre a la calle del Salvador. La puerta principal, sin embargo, estaba situada en la del Conde de Rodezno.

Con la pragmática de Carlos tercero de 2 de abril de 1767 los jesuitas quedaron desposeídos de sus bienes en esta ciudad, pasando el colegio a acoger una casa de pupilaje, en la que se recogerían las escuelas de primeras letras fundadas en él por Juan Berrugo Cansino, presbítero, en 1754, más las cátedras de latinidad y retórica, estas últimas luego desaparecidas, creadas por los jesuitas siglo y medio antes, sirviéndole la iglesia de oratorio privado desde el 26 de diciembre de 1769, pese a lo cual comenzó en parte a ser desmantelada, pasando gran parte de sus objetos de culto y otros materiales a engrosar el patrimonio de las iglesias de santa María, san Bartolomé, san Blas, san Felipe... Una vez en funcionamiento la casa de pupilaje y hasta su extinción, el antiguo colegio sufrió chapucerías que no vale la pena señalar a no ser la noticia de la ruina que amenazaba a partir de mayo de 1782, obligando desde octubre de 1793 a dar un repaso general a cargo de José Castañeda y Bravo y Miguel Martín Alcaide, maestros alarife y carpintero, respectivamente. Es el momento desafortunado en el que se tabicaron los vanos de la galería baja y el refectorio y el rebaje del corral de la cocina. En 1803, Juan González realizaría una segunda intervención. Esta vez, se tejó de nuevo, se arregló la cornisa del patio, se recogieron desconchones y se recalzaron los muros. Las siguientes intervenciones se producirían para adaptarlo a Ayuntamiento a partir del 1 de abril de 1837, dado el deterioro en que se encontraba el viejo edificio municipal de la calle de las Vendederas, frente a la lonja de santa María.

El proyecto de remodelación se encargó a Juan Gutiérrez y Antonio Talavera en 27 de julio de 1842. Se abrieron tres huecos a la calle Conde de Rodezno para establecer en la crujía sur las oficinas de repartimiento y tesorería; otros tres y una puerta grande en la

occidental, donde se instaló el salón de sesiones, con sus respectivas solerías de ladrillos y zócalos de azulejos de una vara y diez pulgadas de alto; otra ventana y dos puertas más para la alcaldía; dos ventanas y tres puertas en la crujía norte para crear la secretaría y junto a ella la portería y una escalerita de acceso al primer piso. Con el cambio de puerta se produjo también el cambio de orientación del edificio, tal como se encuentra hoy día. Tabicada la originaria, vino a ocupar el sitio de la entrada al sótano, abierto en 1803, y se desplazó unos metros, hasta ocupar el lugar en que aún se encuentra, en parte enmarcada por la portada del refectorio jesuítico. Este cambio obliga a levantar la amplia escalinata de mármol y a diseñar, en 1845, una fachada salpicada aquí y allá de motivos heráldicos localistas. En el mismo año se trasladaron a la galería norte de la planta baja tres lápidas conservadas, antes de su enajenación, en el zaguán de la antigua casa y una cuarta procedente de las carnicerías instaladas en el local del viejo coliseo de la calle de

Colección epigráfica municipal.

Fachada del Ayuntamiento.

Mosaico romano. Patio del Ayuntamiento.

Oficiales. La primera es del año 2 antes de Cristo y está dedicada al *quattuorviri* del lugar, Lucio Junio; la segunda y la tercera, de 1608, conmemoran una de las restauraciones de la puerta de Córdoba, con referencias a los patronos de la ciudad: san Teodomiro y san Mateo, por un lado, y a las autoridades imperantes en la fecha de la obra, por otro; la cuarta, de 1677, igualmente alude a los ediles y a la fecha de fundación del citado teatro. Pero no fueron éstos los únicos restos arqueológicos que se instalaron en las casas consistoriales, sino que con el tiempo se le unieron otros: un cipo de Tulio Aemilio, del siglo II dC, ubicado bajo una de las lápidas antecedentes, o varios fragmentos del mosaico de Bruma, instalados en las paredes del salón de sesiones en 1897, según las indicaciones de George E. Bonsor.

Habrá que esperar a la década de los años treinta del presente siglo para que aparezcan el jardincillo de la fachada principal, y luego las mejoras de los años cincuenta más las recientes de 1980 y 1992.

Entre las obras pictóricas que guarda, cabe destacar el cuadro de Rodríguez Jaldón representando el acompañamiento de ancianos en los entierros de la hermandad del nazareno de san Bartolomé, así como otros relativos a motivos geométricos inspirados en la azulejería morisca, los cuales se conservaban en la planta alta. También son de destacar las mazas de plata de la ciudad, de hacia 1600, y un autógrafo enmarcado en el propio metal, de Miguel de Cervantes Saavedra, de cuando vino buscando provisiones para la armada invencible.

Iglesia del Salvador. 44 [9-D]

Uno de los edificios religiosos con mayor prestancia y envergadura artística en todo el casco urbano de Carmona es la filial, desde 1911, de nuestro señor el Salvador, cuya feligresía se considera la de máxima importancia en la ciudad tras la de santa María. De su primitiva fábrica no queda más que el recuerdo, pues hasta el retablo mariano concertado con Jerónimo Hernández el 2 de septiembre de 1575, luego ampliado a mediados del siglo XVIII, fue llevado en 1940 a Cantillana y la imagen de María con Jesús en los brazos a Ubrique. Concebida de acuerdo con la tradición mudéjar local, ocupaba el testero sur de la plaza mayor, con la que comunicaba mediante escalinatas paralelas al muro del evangelio. Permaneció abierto al culto hasta bien entrado el siglo XVIII en que el terremoto de Lisboa lo dejó completamente arruinado. Desde ese momento entró en un periodo de constantes reformas al intento de salvarlo de su absoluta ruina. La primera medida adoptada con carácter de urgencia se tomó en 1779 y consistió en la construcción de tres nuevas armaduras de carpintería de lo blanco para cubrir las naves, tarea que importó sesenta mil reales de vellón, aunque con anterioridad se habían gastado otros mil ducados en distintos repasos. A pesar de ello, era tal su estado que los feligreses se negaron a entrar en ella como no se sacase nuevamente de cimientos. Durante el transcurso de las obras los cultos se celebraron en el cercano monasterio de Madre de Dios. Las molestias a la comunidad en los once meses de estancia y lo reducido del espacio conventual, bastante incómodo para los fieles, obligaron al cabildo, a instancias del vecindario, a solicitar de la autoridad eclesiástica el traslado definitivo al inmediato colegio de san Teodomiro, abandonado tras la expulsión de los jesuitas de los reinos de España en 1767.

Fue levantado sobre el solar que ocupase una antigua ermita dedicada al referido mártir carmonense, de la que los jesuitas se hicieron cargo en fecha todavía indeterminada, aunque desde luego posterior al mes de julio de 1605, cuando se le dio la bienvenida oficial a los padres Juan Muñoz y Luis Guerrero, avanzadilla de la futura casa, y cuando se les buscó vivienda proporcionada a sus fines, operación avalada por Pedro de Hoyos y Escamilla, escribano público y, a la sazón del ayuntamiento, quien en el año 1619 termina dotándola de un rédito producido por un capital de cuarenta y seis mil ducados, según se escrituró ante Alonso Sánchez de la Cruz, aparte de fundar un patronato para doncellas huérfanas con otros veinticuatro mil. Así las cosas, tras una ineludible instalación provisional cuya ubicación exacta desconocemos, pero que bien pudo coincidir con parte de la definitiva, el mantenimiento de las construcciones inmediatas a la cabecera de la referida capilla les había sido encomendado por la autoridad civil, no sin división de opiniones; porque el bienaventurado paisano, por breve de Clemente octavo, principal patrono de la aún villa se convirtió, según vimos, en motivo de tensión entre las fuerzas vivas carmonenses polarizadas en los consabidos grupos que podemos denominar extemporáneamente moderado y progresista.

El resto del siglo XVII se dedicó en esencia a la configuración de la residencia, no gestándose la idea de una nueva iglesia, más capaz y acorde con la magnificencia de lo alzado durante dicho periodo hasta 1699, fecha en la que se encomendó su traza a Leonardo de Figueroa, un conquense, pese a que la ciudad de Utiel, donde nació hacia mediados de siglo, hoy sea valenciana y el maestro terminara siendo el creador de un hacer arquitectura que pasa por ser el «estilo sevillano» de su tiempo; y es que Figueroa, instalado en Sevilla con veinte o veinticinco años de edad, asimiló lo mejor de su tradición constructora, transformándola en algo distinto a base de levantar edifi-

Iglesia del Salvador.

Atico de la portada de los pies y torre.

cios por toda la urbe, en los que el azulejo y sobre todo el ladrillo recuperaron los papeles de sus mejores épocas; murió en la ciudad del Betis en 1730, dejando tras de sí una dinastía de arquitectos.

Según la *Historia del Colegio* su traza para la iglesia de san Teodomiro tomaba los aires de la también jesuítica de san Hermenegildo en Sevilla, por ser como era de planta oval. No en vano, la planta centrada, utilizada por Bramante y por el propio Miguel Ángel para el Vaticano, fue muy querida por los padres de la compañía: Loyola, Valladolid, Málaga, Sevilla... Por aquel entonces se creía que el templo de Jerusalén había sido un espacio unitario: elíptico o circular. Sin embargo, los regulares carmonenses debían tener en mente un oratorio bastante suficiente, con lo que el encargo pasó a manos de Pedro Romero, que diseñó una planta de salón con tres naves y transepto, «de más de cuarenta y una varas de largo, la cual se aprobó por el padre provincial y se determinó que se siguiese y se ejecutase», como así se hizo a partir del año 1700. Lo mismo que Figueroa, Romero fundó una dinastía de arquitectos, aún poco conocida; de él sabemos que fue maestro mayor del duque de Medinasidonia y que pretendió serlo, sin lograrlo, de la catedral hispalense; dirigió, en Sevilla, las obras de la colegial del Salvador y de la primera fase de la capilla de san José, en colaboración con sus hijos Félix y Pedro, que le sucedieron en el gobierno de las tareas; por su parte, Félix intervino en el sagrario de san Lorenzo y los hermanos, al alimón, proyectaron la iglesia trianera de nuestra señora de la O.

Pedro Romero sólo tuvo vida para sacar nuestro templo de cimientos, encargándose Félix de alzarlo y tejarlo, pese a las dificultades financieras que, por unos años, tuvieron suspendidas las obras hasta el filo de su muerte, que le pilló montando el anillo de la cúpula, punto en el que se hizo cargo de la edificación el otro Pedro Romero, «mozo de mayor habilidad que su hermano», quien, en 1712, se encontraba construyendo el basamento de la linterna y, en 1713, el caracol de las terrazas, según fechas grabadas en ellos, y quien, en definitiva dejó la iglesia inacabada, pero en el estado que todavía se encuentra, salvo restauraciones, porque ni las torres, ni las portadas, ni toda una serie de elementos menores se construyeron nunca. En todo este guirigay actuó como cantero Francisco Gómez Septier (Septién o Septiem, que de todos esos modos se conoce), maestro que había intervenido en el palacio de san Telmo y en la colegial del Salvador y que, el 14 de junio de 1701, se comprometió «a labrar cada basa de jaspe del embancamiento» en negro y rojo, así como «a acabar las dos portadas», todo de acuerdo con los dibujos de Romero padre; como escultor Antonio Quirós, autor de las imágenes de los evangelistas que se colocaron en las hornacinas del tambor; y como pintor Juan Luis Gatica, que decoró las pechinas con los padres de la iglesia, según diseño de Lucas Valdés. Por último señalar la intervención en las obras del jesuita Ignacio de Espejo, como carpintero, en verdad decisivas en lo concerniente al tema de las cubiertas. El 4 de noviembre de 1720, el padre Antonio Puerto por entonces rector de la compañía de Carmona, invitó a la ciudad a la inauguración de la iglesia, suplicándole tomara a su cargo la primera fiesta, prevista en principio, para el 9 del mes y luego trasladada al del siguiente, a lo que accedió el concejo siguiendo la costumbre. La celebración de la fiesta costó mil ochocientos treinta y siete reales y cuatro maravedíes de vellón quedando el templo oficialmente abierto al culto el «día después de la octava de la Concepción».

Frente a los conservadurismos de su planta, el templo de san Teodomiro presentó un alzado novedoso en la región, en el que se jugó y bien con un elemento tan barroco como la luz natural; alzado en el que destacan los soportes construidos a base de pilares de sección quebrada coronados por capiteles compuestos, entablamentos y pedestales apilastrados, que procuraron gran esbeltez a la fábrica; y en el que la diferencia de rango entre las naves central y laterales viene subrayada por una tribuna corrida que prácticamente divide por dos la altura de éstas, apoyado por la cubrición mediante bóveda de cañón con lunetos y de arista respectivamente. El conjunto, resuelto a base de pura arquitectura, redujo su decoración a ondas, salomónicas, en los óculos y en la cúpula, cardos en las pechinas y enmarques en los vanos; si bien la cúpula se completó con las esculturas y pinturas ya apuntadas. El orden salomónico en el arranque de la cúpula y la linterna tratan de relacionar la construcción con el templo de Jerusalén, mientras los padres de la Iglesia y los evangelistas situados en las pechinas y en el tambor nos recuerdan que éstos son los fundamentos mismos de la institución: la tradición y la revelación.

Las portadas encerraron su barroquismo en una distribución tremendamente clásica, sólo rota por las contracurvas de las armas reales, próximas al rococó de los Acosta, quienes las instalarían con posterioridad a la exclaustración de los regulares de la Compañía. El aspecto exterior de la iglesia, con la torre inacabada que coronó su ángulo noreste, quedó dominado por la cubierta central, que siguió la máxima de Pedro Romero padre: «tejada la media naranja de canales vidriadas tiene mucho lucimiento». Como complemento de la iglesia se erigieron la preceptiva sacristía y un par de capillas, una de las cuales daba acceso a la cripta de los marqueses del Saltillo, plantada hacia el nivel del sótano del colegio.

La pieza más llamativa de cuantas alberga en su interior es indiscutiblemente el retablo del presbiterio, uno de los pioneros de la estética dieciochesca en la comarca, tanto por lo abigarrado y novísimo de su composición, con esbeltos estípites marcando las calles, cuanto en especial, por su rica ornamentación y por el empleo de un baldaquino de tres cuerpos superpuestos, donde se alojaba el sagrario, el manifestador, antes con relieve inmaculista de Pedro Duque Cornejo en el torno, ahora con el Salvador, y la hornacina de san Teodomiro. Se debe al carmonense José Maestre, quien lo trazó en 1722, fijando su precio en veinticinco mil reales sin contar con el banco pétreo sobre el que se levanta su arquitectura. En él se observa la intervención de varios escultores. Junto al nieto de Roldán, también autor quizás de la visión de Storta, en el ático, y de los santos Joaquín y Ana de los repisones del primer cuerpo, cedidos éstos a la parroquia de la Asunción de Cantillana en 1940, y sustituidos ahora por san Miguel y san Gabriel, del siglo XVIII, hay una segunda mano, cercana al menos en su formación a las maneras artísticas de la propia familia, a la que corresponden los arcángeles citados, el san Teodomiro y los medallones con los bustos de Pedro y Pablo, apóstoles; y aún una tercera, a la que se deben las cuatro alegorías: la prudencia, la justicia, la fortaleza y la templanza, de los roleos superiores.

A este conjunto se unió en 1779 el citado Salvador, esculpido por Agustín Perea en 1696 con destino al altar mayor de la primitiva parroquia, obra desaparecida de Juan de Valencia. De los muros laterales cuelgan sendos lienzos con sus correspondientes buenos marcos de principios del siglo XVIII, representando a la Purísima Concepción y a Jesús con la samaritana.

En el muro colateral del evangelio recibe culto el *ecce homo* perteneciente a la hermandad penitencial fundada en 1566, que por haber salido del taller de Roldán en fecha aún sin determinar se vislumbra como el inmediato precedente de las versiones del tema ofrecidas por Luisa, la escultora de cámara de Carlos segundo; se muestra con ricas potencias flordelisadas de comienzos del siglo XVIII. Junto, el retablo de estípites del crucero donde estuvo la virgen de los servitas bajo un san Felipe Benicio y entre dos santos franciscanos. A su izquierda una urna del siglo XIX con un niño Dios de vestir de igual fecha también perteneciente al orden tercero.

En el colateral de la epístola la virgen de la Esperanza y san Juan evangelista, ambos de maestro anónimo del siglo XVIII, aunque muy «restaurados» en fechas recientes. En este brazo del crucero, aparte de la cripta de los Romera, y del púlpito del primer cuarto del siglo XVII, se halla el altar de san Juan Nepomuceno, de mediados del siglo XVIII, con interesante imaginería de la época: san Antonio de Padua, san

Fernando, la virgen del Pilar y un lienzo con la virgen Madre. Pasado el cancel septentrional, en la nave, bajo un doselón de terciopelo carmesí con tallas doradas del siglo XIX, procedente del antiguo altar portátil del septenario, está la Dolorosa de los siervos, devota imagen de vestir con los dedos entrelazados de fines del siglo XVIII. Frente, en la nave del evangelio, el simpecado de la hermandad del Rocío, obra reciente de Antonio López, inspirada en labores de rocalla decadente. Sobre la puerta meridional, un cuadro decimonónico con Jesús curando a un ciego.

Por último, en la sacristía existen dos cuadros, uno barroco con los santos de la compañía, Ignacio de Loyola y Francisco de Borja, otro del siglo XIX, inspirado en Murillo, con la Purísima Concepción, una consola rococó y varias piezas de orfebrería: un acetre de la primera mitad del siglo XVII, un astil de la segunda mitad del siglo XVIII, dos cálices, uno de rocallas realizado en México y otro neoclásico con las marcas de Sevilla y García, una concha bautismal de hacia 1600, un copón rococó, unas crismeras

Retablo mayor. Iglesia del Salvador.

Ecce homo. Iglesia del Salvador.

de fines del siglo XVII, una naveta del cordobés Vega y un ostensorio de la segunda mitad del siglo XVIII. Entre las piezas pertencientes al ajuar de la cofradía de la Coronación de espinas, destacan el juego de corona y puñal de la dolorosa con las marcas de Sánchez y Sevilla, junto a la saya granate de la propia imagen, sacada de la antigua clámide del titular. Muy superior debió ser en cuanto a número el patrimonio de la virgen servita que, pese a la merma sufrida en tiempos recientes, todavía cuenta con corona del siglo XVIII, luna marcada por Cárdenas y ricas vestiduras de luto, cortadas para adapatarlas a camarín, así como casi integro su patrimonio musical: cuatro plegarias para los solemnes cultos anuales, una de ellas compuesta por el famoso Hilarión Eslava. Lástima que no pueda decirse lo mismo de las andas procesionales decimonónicas: fueron desmontadas, contra la voluntad de sus devotos, para construir con sus planchas de metal plateado el altar exento de la prioral de santa María.

Casa Grande, costanilla del Pozo Nuevo, núm. 1. 45 [10-D]

Con el título convencional de la casa Grande se conoce la del número uno de la costanilla del Pozo Nuevo. En su interior presenta portada mudéjar fechable en torno a 1400, ejecutada en ladrillo, con alfiz de cabezas de clavos, arco lobulado con decoración de tréboles simplificado, y azulejos en las enjutas. El resto de la casa, con su elegante fachada, corresponde al siglo XVIII.

Casa c/. Domínguez de la Haza, núm. 1. 46 [9-E]

Otra casa digna por sus restos es el número uno de la calle Domínguez de la Haza, frente al mercado.

Plaza de abastos. 47 [9-E]

En la calle Domínguez de la Haza, justo en la manzana delimitada por Flamencos y Sacramento, existió otro monasterio de dominicas bajo la advocación de santa Catalina. Se creó a fines del siglo XVI por hermanas del cercano convento de Madre de Dios, alentadas por el éxito que habían obtenido en la ciudad a lo largo de toda la centuria. No en vano contaban con alto número de religiosas, muchas de ellas con familias vinculadas al patriciado urbano del momento. Con estas premisas, no extraña que enseguida consiguieran los terrenos necesarios en la vía que en lo sucesivo llevaría el nombre de la titular, ya que a ella abría la capilla, seguramente con doble portada en el costado del evangelio. De ella se sabe que estaba construyéndose a comienzos del siglo XVII, cuando consiguieron del municipio una

Plaza de abastos.

limosna, la aprobada en cabildo de 25 de octubre de 1610, y que poseía losas de jaspe. Pero las noticias quedan reducidas a eso. Nada se conoce de su historia, de su entidad arquitectónica, de cuanto guardó en el interior. Sólo lo referente a la exclaustración del 27 de abril de 1837, dos días después de que instalasen su órgano en al coro de Madre de Dios, si bien el derribo de la fábrica no se verificó hasta 1844, tras haber llevado el ayuntamiento, el clero regular y el secular con la parroquia del Salvador, los restos de la monjas al carnero de la casa matriz, el 27 de mayo, segundo día de la pascua del espíritu.

En dicho solar se levanta ahora el mercado de abastos, obra proyectada por Ramón del Toro en 1842 al modo de las plazas mayores castellanas: con pórticos y lonjas para los puestos. Es de estilo neoclásico pese a que algún tramo de sus crujías corresponda al antiguo claustro conventual. Con posterioridad, en el siglo en curso, se alzaron otras edificaciones en el centro, rompiendo su armonía, de ahí que luego se haya acordado la demolición de las mismas a fin de devolverle el carácter primitivo.

Casa c/. Flamencos, núm. 3. 48 [8-E]

La casa de la calle Flamencos número tres, también burguesa, pertenece a la familia Sanjuán. Tiene dos pisos, en el primero la puerta de ingreso flanqueada por sendos ventanales; arriba balcón y azotea. En el interior se conservaba una cabeza romana hallada en la finca

Monte Garrido y cuatro pinturas, tres de ellas del siglo XVII, una virgen con el niño copia de Cano, con buen marco de rocalla, un expolio y un san Jerónimo español en cobre, más una virgen niña hilando, del siglo XVIII.

Casa de los Flamencos. 49 [8-E]

En esta misma calle se encuentra la que por antonomasia se denomina casa de los Flamencos. Presenta portada protobarroca de ladrillo, labrada a comienzos del siglo XVII. Se compone de dos pilastras enmarcando el vano principal, entablamento, frontón curvo roto con pináculos piramidales en sus extremos para albergar la ventana, rematada por otro curvo. Tiene apeadero con dos arcos conopiales al oeste.

SAN FELIPE

SAN FELIPE

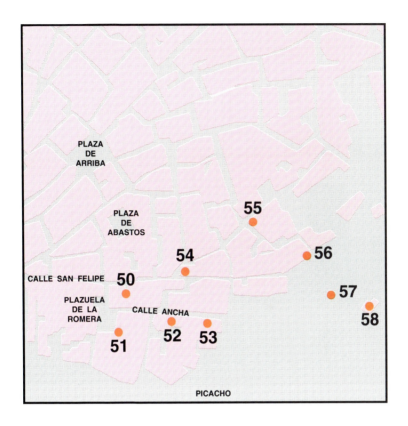

Casa c/. san Felipe, núm. 15. 50 [9-E]

Bajando por la costanilla del Guerra hasta la calle san Felipe, al fondo de una plazuela, se encuentra este edificio de sencilla y elegante fachada, con sobria portada con balcón enmarcado por un par de pilastras corintias cajeadas, con sendos trozos de entablamento

Casa calle san Felipe, 15.

a modo de soporte de otros tantos escudos. Al centro, un tondo con el hierro de la familia.

Casa plazuela de la Romera, núm. 3. 51 [8-F]

Por la calle de la Viga se llega a la plazuela de la Romera, donde hay otra muestra de la arquitectura, de fachada encalada, casi cerrada por completo al exterior, a no ser por la puerta y una ventana en el bajo, más un balcón en el alto, quizás como lejano recuerdo del concepto íntimo de la vida interior musulmana. Dentro destaca el patio, porticado en el bajo, con arcos rebajados descansando en potentes pilares rematados en un bocel, dando paso a unas galerías abovedadas.

Casa c/. Ancha, núm. 12. 52 [9-F]

Aquí se conservan los restos de una portada del siglo XVI con arco plano y trozo de entablamento con azulejos.

Casa c/. Ancha, núm. 30. 53 [9-F]

Cerrando un adarve con postigo, cubierto con arco apuntado al interior, se conserva una casa con patio porticado. Los arcos que lo delimitan, tres a norte y sur y cuatro a este y oeste, son de medio punto peraltado inscritos en alfices. Descansan sobre pilares ochavados de ladrillo que se alzan con podio. Las techumbres, de pino, son a un agua, y la del ángulo sureste descansa sobre un arco de medio punto en ángulo, a modo de contrafuerte.

Iglesia de san Felipe. 54 [10-E]

La última de las feligresías integradas en la de san Bartolomé durante el pontificado del cardenal Almaraz fue la de san Felipe, cuya parroquia es uno de los más cumplidos ejemplos del mudéjar carmonense. Por eso apena que dicha agrupación haya repercutido de forma tan negativa en el monumento, al mantenerlo cerrado al culto durante mucho tiempo con su rico patrimonio abandonado a su propia suerte, o disperso bien por la ciudad, bien por determinados puntos de Andalucía.

La tradición fija en su solar una de las mezquitas de Qarmuna. Sin embargo, las prospecciones arqueológicas hasta ahora verificadas demuestran todo lo contrario: su absoluta filiación cristiana. Concebida de acuerdo con la fórmula habitual en la región, la planta basilical dividida en tres naves rematadas por sus correspondientes cabeceras, muestra dos fases constructivas bastante diferenciadas, la una de comienzos del periodo gótico, hacia 1300, la otra de fecha muy avanzada, quizás próxima a la mediación del cuatrocientos. A la

Artesonado nave central.
Iglesia de san Felipe.

Retablo mayor.
Iglesia de san Felipe.

primera se debe el ábside gallonado de la central, de enorme semejanza con el casquete hemiesférico sobre trompas de la sacramental de santa Marina de Sevilla. A la segunda pertenece el resto del edificio: los pilares con columnas adosadas a los lados menores, las capillas laterales de testero plano y bóvedas octopartitas, las portadas y la torre fachada, representativa por sí sola tanto de la fábrica cuanto en especial del amplio sector urbano adscrito a su jurisdicción eclesiástica.

Se tienen sobrados datos acerca de la reconstrucción que sufrió a partir de 1456 cuando se derribó y se alzaron de nuevo las crujías, a las que siguieron la actual puerta principal, de tres arquivoltas, dientes de sierra en el baquetón exterior y cornisa de canecillos en el alfiz, la cual se fecha con las máximas certezas en el trienio comprendido entre 1468 y 1470, momento en el que trabajaba el alarife morisco Martín García, a quien algunos han identificado con su autor. Algo después, en 1473, se iniciaban las de los costados, en esta ocasión asociadas a Fernán García. Por su parte el campanario, bastante posterior, es ya plenamente renacentista. No en vano muestra inscripción indicando la fecha de su conclusión: 1562.

Piezas de singular importancia en el capítulo de la carpintería de lo blanco son los alfarjes que cubren las naves. Se hicieron en el taller de Pedro y Francisco Sánchez, mientras su decoración pictórica corrió a cargo de Pedro Sánchez de Castro. De ellos, el central es de par y nudillo y está cuajado de lazos de a ocho en contraste con los escudos pontificales del cardenal Hurtado de Mendoza y de fray Diego de Deza, junto a otros elementos heráldicos en las soleras del arrocabe. Parece que esta parte estaba concluida en 1473.

En el interior destacaremos el altar mayor con buena colección de azulejos de cuenca del siglo XVI en la frontalera. El retablo consta de banco y cuerpo dividido en tres calles mediante estípites de rocallas. En la hornacina central está el titular, enmedio de sendas repisas con los santos Juan evangelista y Nepomuceno bajo los óvalos con Pedro y Pablo. En el ático tres tarjas con el martirio del santo, san Andrés y san Judas Tadeo. En el propio presbiterio cabe mencionar también las memorias sepulcrales del bachiller don Gonzalo Pacheco Barasa en 1612 y del vicario Alonso de Sesa, beneficiado de esta parroquia en 1588.

En la cabecera del evangelio de nuevo una lápida, ahora de 1769, recuerda que la extinta cofradía del cristo de san Felipe es la propietaria de la cripta situada a la entrada de la capilla. Eso explica que hasta fechas recientes cubriese el testero el tabernáculo dieciochesco en el que recibió culto el titular, entre el discípulo amado, la Magdalena y san Miguel. Allí también, en el muro norte, el

retablo rococó de san José, ocupado en la actualidad por san Joaquín con María en los brazos, debajo de los relieves con los desposorios de nuestra señora, san Ignacio de Loyola y san Francisco Javier, circunstancia que quizás revele su procedencia: el colegio de san Teodomiro. Ante la antigua puerta del baptisterio sobre una cajonera se halla la imagen setecentista de san José, dudosamente atribuida a Montes de Oca.

En la cabecera de la epístola aparece el crucifijo de la Amargura, titular de la populosa cofradía del barrio, surgida a fines del XIX a instancias del párroco don Manuel Pérez Sollero. Es una interesante talla del primer tercio del siglo XVI relacionada con los maestros empeñados en la construcción del retablo mayor de la catedral sevillana. Entre los dorados de su paño de pureza aparece el último versículo del himno ambrosiano: IN TE DOMINE SPERAVIT NON CONFUNDAR IN AETERNUM. Junto hay un altar moderno con una pintura de la virgen del Carmen del

Cristo de la Amargura.
Iglesia de san Felipe.

Virgen del Mayor Dolor.
Iglesia de san Felipe.

siglo XVIII, y delante de donde estuvo nuestra señora de la Piña, la lauda sepulcral de don Rodrigo Brisuelas y Vixil, beneficiado de este templo, con el año 1775.

Este mismo espacio estuvo antes consagrado a la virgen de la Encarnación, cuyo retablo con los arcángeles Miguel y Rafael, las mariologías y los medallones con los abuelos del redentor a ambos lados de la anunciación, se sabe que fue hecho por Manuel González Guisado en 1777, y que en 1959 fue adquirido por la hermandad sevillana de Jesús del silencio, a fin de entronizar en él a la virgen de la Amargura.

Ya en la nave, sobre una mesa de altar, la virgen del Mayor Dolor obra documentada de Benito Hita y Castillo en 1762, quien la concibió al modo granadino, como dolorosa de busto con los dedos entrelazados y los ropajes policromados, por encargo del vicebeneficiado de este templo don José Fernández, para ocupar una hornacina bajo el trecentista cristo de san Felipe. Sin embargo en 1925 sufrió la restauración que la adaptó a los usos y costumbres de la semana santa andaluza. Habitualmente se adorna con corona decimonónica de Lechuga. Por último cabe mencionar el cancel dieciochesco de la puerta de los pies.

Casa del General Chinchilla. 55 [10-E]

En la antigua calle de las Peñuelas, en el doce, se encuentra la casa del General Chinchilla, ahora ocupada por las hermanas de la Cruz, con portada neoclásica de ladrillo a base de pilastras toscanas bajo quebrado entablamento, que favorece el movido perfil del balcón del cuerpo superior, coronado por frontón triangular.

Molino de la Romera. 56 [10-E]

Por la calle sor Angela de la Cruz se llega al molino de la Romera, posiblemente del siglo XVII, de paramentos muy lisos, sólo abiertos por algún portalón y algún tragaluz, donde toda la decoración se reduce a la torre, a base de pilastras toscanas dobles enmarcando los vanos del mirador superior.

Murallas del Picacho y san Mateo. 57 [10-F]

Cerca de allí se ubicó la puerta de Morón, junto a la cuesta de san Mateo, vértice de la decumana máxima de la ciudad clásica. Se sabe que fue restaurada en dos ocasiones durante el siglo XVI y que el terremoto de Lisboa la arruinó por completo, como a su frontera de la Sedía. De ahí que acabara por ser derribada en 1788.

Iglesia de san Mateo. 58 [11-F]

Al sureste del recinto amurallado, al pie de la acrópolis carmonense, bajo la antigua puerta de Morón, se encuentra la iglesia de san Mateo, levantada por la ciudad en agradecimiento al evangelista en cuya festividad pasó a formar parte de la corona de Castilla. Su fábrica de ladrillo y mampuesto se inició en el siglo XIV. Consta de tres naves, cubiertas de madera, igual que las parroquias. Las naves están separadas por otras tantas arcadas de herradura apuntada e inscritas en sus respectivos alfices sobre pilares rectangulares en cada crujía. La central, más ancha, se prolonga por la cabecera cuadrada, provista de arco triunfal y bóveda de arista, procedente de la reconstrucción llevada a cabo desde 1554 hasta 1598, cuando se acabó de pagar el importe a los operarios ocupados en su construcción: Antón Martín, Martín García y Juan Ruiz. Al siglo XVIII corresponden en cambio la espadaña y el hastial. En su interior no queda ningún objeto de culto, salvo los restos de un mural, quizás del siglo XV, representando a santa Lucía, aunque tenemos noticias de algunas obras que albergó. Así en el presbiterio había un retablo labrado por Luis de la Haya en precio de dos mil reales, en el que figuraban siete pinturas: un ángel, cuatro historias de la vida del santo, María y Jesús, todas ellas debidas a Miguel Güelles. En los colaterales se situaban los altares del cristo del Consuelo y de la Magdalena, dorados en el 1767 por José Valdés, quien se encargó también del nicho de la virgen de los Reyes.

SANTIAGO

SANTIAGO

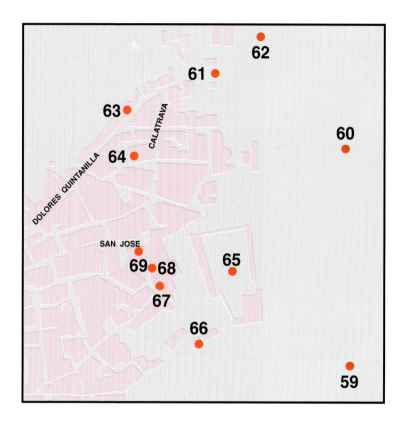

Restos del monasterio de santa María de Gracia. 59 [13-G]

    Cuenta la leyenda que en 1290 tuvo lugar la aparición de la virgen de Gracia junto a un manantial situado al sureste de la ciudad, bajo las puertas de Morón y de Marchena, justo en el sitio donde ahora se levanta su ermita. Y aunque igualmente se habla de su construcción inmediata al suceso milagroso, parece que ésta se demoró algún tiempo, hasta el siglo XIV, quizás porque la invención se produjera en realidad en esa época. Sea como fuere, lo cierto es que al principio se encargaba de ella el prior de las ermitas, pero en 1447 unos franciscanos venidos del Viso del Alcor con el propósito de fundar un monasterio se hicieron cargo de su culto hasta la inauguración de la casa definitiva en 1467. Dicha circunstancia motivó la real provisión de su majestad, otorgada en Sevilla el 18 de agosto del mismo año, concediendo su custodia a los cistercienses de san Isidoro del campo y otra, cuatro días posterior, del prelado sevillano don Pedro González de Mendoza, cediéndoles el santuario. Para el mantenimiento de la comunidad se aprobó el expresado 18 de agosto darles quinientos ducados procedentes de las aduanas de Sevilla. Sin embargo, esta ayuda no la percibieron jamás, puesto que el cabildo hubo de emplearla en gastos de guerra. Causas económicas debieron ser también las promotoras del nuevo cambio, porque en 1568 vino una disposición pontificia a ponerla en manos de los jerónimos, quienes en el capítulo de la orden -celebrado en 1585 en el monasterio de Lupiana- acordaron su retirada a causa de los escasos medios con que contaban para subsistir. Puesto en conocimiento del concejo, se aprueba en 4 de noviembre de ese año acudir al monarca que, en calidad de patrono del cenobio, habría de resolver lo oportuno. A tal fin se decidió el 23 de febrero de 1587 el arriendo de la finca la Cascajosa al objeto de proveer a los monjes que con extremado celo atendían a la virgen. Mas a pesar de ello, un año más tarde, los frailes seguían todavía en su empeño. El ayuntamiento, tratando de retenerlos, en cumplimiento de la real providencia de Felipe segundo en Madrid a 4 de junio de 1588, verificó una información testifical. Y en verdad lo conseguirían cuando en 1666 el prior solicitaba la creación en Carmona de un noviciado de la orden, petición denegada en 9 de agosto por considerar la corporación la falta de recursos existente para mantenerlo con el debido decoro. En ella permanecieron hasta su exclaustración en el siglo XIX, lo que obligó al traslado de la virgen a la prioral de santa María en agosto de 1835.

Arruinada la fábrica de la primitiva ermita a causa del terremoto de 1504, fue preciso levantarla de nuevo, apoyándose en la ayuda de numerosas aportaciones y limosnas. Iniciada en ladrillo y mampuesto por el presbiterio, concebido de acuerdo con la planta cuadrada necesaria al intento de recibir la bóveda estrellada que lo cubrió, se continuó por la capilla abierta en el costado del evangelio, cedida en 1519 a doña Inés de la Cueva, viuda de don Leonís Méndez de Sotomayor, para su entierro y el de sus descendientes, en agradecimiento por sus desvelos en la reconstrucción del templo. Ésta se hallaba recién sacada de cimientos. Constaba de dos espacios bastante reducidos, techados por un tercelete semejante a la anterior y por otra de arista, respectivamente. En cambio, la única nave de la iglesia, también cortada por un par de tramos con bóvedas vaídas con poderosos contrafuertes exteriores, revela ya una cronología mucho más avanzada, quizás bien entrada la segunda mitad de la centuria. Con posterioridad, el seísmo de 1755 dañó la torre y el arco de triunfo, aunque la parte más afectada fue la clausura, que en la práctica quedó destruida. Con la exclaustración de los jerónimos el edificio entró en franca decadencia, teniendo que restaurarse en 1911 para evitar su desplome. En realidad sólo se consiguió retrasarlo hasta mediados de la década de los setenta. En el interior hay pocas piezas de interés artístico, a no ser el retablo neoclásico que la preside, en el que destaca un lienzo barroco, muy restaurado, con la titular. En los nichos las esculturas de san Bernardo y san Mateo, y en el ático san Jerónimo como padre de la iglesia. De los muros cuelgan los lienzos de la Soledad de Gaspar Becerra, en

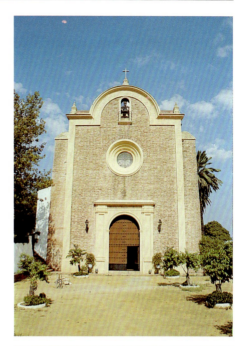

Fachada de los pies.
Iglesia de santa María de Gracia.

Manantial.
Iglesia de santa María de Gracia.

Puerta de Córdoba.

copia barroca, y del siglo XVIII san Marcial y san Jerónimo penitente. Conserva un púlpito de forja. Lástima que no pueda decirse lo mismo de los ángeles en actitud reverente, labrados a comienzos del siglo XVI por un maestro de acusada formación flamenca, que hubo en el lado del evangelio, o de la lápida de los Barrientos, en el antiguo presbiterio, patronos de la capilla mayor.

Restos de puente y de la vía Augusta. 60 [13-G]

Bajando a la venta la Liebre, y siguiendo el trazado de la antigua carretera nacional se llega hasta la del Portazgo, junto a la que se conservan los restos de un puente de cinco ojos de medio punto sobre fuertes zapatas y antepechos de piedra. Por tradición se vinculaba a la época romana, pero en cualquier caso conoció importantes reformas posteriormente. Por el camino que desemboca al puente arriba, hay restos de calzada romana, también en parte remozada al menos en el siglo XVIII.

Puerta de Córdoba. 61 [12-C]

Al lado este del recinto murado, se encuentra la puerta de Córdoba, cuyo origen se remonta a la época romana, como atestiguan los torreones octogonales sobre podio que la flanquean. De ella se dice que tuvo tres accesos y que fue testigo de las enconadas luchas que sostuvo la ciudad contra Enrique segundo. Es por eso por lo que sus restauraciones han sido numerosas a lo largo de la historia; empezaron los musulmanes, siguieron los cristianos, quedando constancia de las verificadas en 1525 y 1551 y entre 1608 y 1668, y 1796 y 1800, en esta última ocasión a cargo del notable arquitecto neoclásico José Echamorro, quien la concibió con el aspecto que presenta en la actualidad. Trazada a modo de gran arco triunfal, cuenta con un vano único de medio punto, escoltado por columnas toscanas pareadas, entre las que se fingen ventanales; sobre ellas corre el entablamento rematado por supuesta balaustrada, mientras el cuerpo central se corona con otro superior provisto de balconada. En el intradós del hueco de paso se conserva un interesante lienzo dieciochesco, representando a la virgen de Gracia.

Murallas del Barranquillo. 62 [12-C]

Al norte de esta puerta se encontraba el llamado alcázar de la Reina, provisto de dos ingresos, en cuyo espacio intermedio se configuraba una amplia plaza de armas rodeada de murallas, con torres en sus ángulos, de las que destacaba la del homenaje ubicada en su centro. Fue desmantelada por orden de Enrique segundo, y si sus sucesores se encargaron de la reconstrucción sería el cabildo el encargado de solicitar su demolición definitiva en 1478.

Casa de las Aguas, c/. Dolores Quintanilla, núm. 19. 63 [11-C]

Ya en la calle Dolores Quintanilla, edificio del siglo XVIII con portada de ladrillo en dos cuerpos, el bajo con pilastras toscanas enmarcando el cancel, y el alto con balcón adintelado entre pináculos piramidales y escudo.

Iglesia de Santiago. 64 [11-C]

Por la calle Calatrava se llega a la plazuela de Santiago, donde se encuentra el templo parroquial de este apóstol, noble edificio medieval, ahora exento, tras liberarlo de las construcciones adosadas a su perímetro.

Cuenta la tradición que se levantó en tiempos del rey Pedro el justiciero y que su solar también coincide con una vieja mezquita de la que se conservan restos: el tercio inferior, macizado, del alminar. El dato parece confirmado tanto por el extraño emplazamiento de la torre como por la fecha de construcción de la iglesia, labrada en piedra y ladrillo en tiempos de dicho monarca castellano.

El templo presenta planta basilical dividida en tres naves por doble

cruijía de triple arcada apuntada con pilares de sección cuadrada y gruesas columnas en las caras interiores, soportando en un principio sólo las consabidas techumbres de madera y luego, desde fines del siglo XVIII, las falsas bóvedas. Éstas son de aristas en las naves laterales y de cañón con lunetos y fajones en la central. Cada una remata con su correspondiente cabecera de crucería gótica, organizada en dos tramos: uno rectangular, otro poligonal con contrafuertes angulares.

Posee tres puertas, la principal en el costado de la epístola, de fines del siglo XVIII, concebida según un esquema muy sobrio, con bello azulejo del momento representando la batalla de Clavijo. Otra, de piedra, la de la nave del evangelio, del primer cuarto del siglo XVII, bastante influida por las formas bajorrenacentistas de Hernán Ruiz segundo. Y la tercera, ojival, con cuatro arquivoltas, la mayor adornada con una cabeza romana y clavos. Junto a ésta se ubica la torre, con paños de *tsebca* enmarcados por moldura de estilo isabel en su segundo

Iglesia de Santiago.

Portada de los pies. Iglesia de Santiago.

cuerpo, lo que permite fecharlo en el siglo XV.

De la misma fecha es la capilla de Jesús nazareno, y la del costado izquierdo podría identificarse con la reedificada en el año 1564 para el entierro de don Lope Ponce de León. Sin embargo, será en el siglo XVIII cuando el templo sufra constantes reformas, unas motivadas por necesidades, a veces técnicas, a veces cultuales, otras por mero afán innovador, de adaptación a los gustos de los tiempos. Así en 1712 consta que se alzó la tribuna, de sencillas líneas, para el órgano. Éste fue sustituido luego por el actual neoclásico de principios del siglo XIX. Poco después se inició el costosísimo camarín trilobulado de la virgen de Belén. Tiene un bonito lucernario y está repleto de hojarasca y de flores de yeso. También la adaptación clasicista de los soportes que no perdieron por completo su primitiva estructura mudéjar, y el abovedamiento de las naves, trabajos que se debieron a Andrés Acevedo Fariñas. Éste realizó la del evangelio en 1781 bajo la supervisión de Antonio Matías de Figueroa y de Francisco del

Retablo mayor. Iglesia de Santiago.

Portada del evangelio. Iglesia de Santiago.

Valle, limitándose a reproducir la de la epístola y, en el sexenio siguiente, el remate de la torre. En esta tarea le cupo al maestro local superior capacidad inventiva, pese a que en su chapitel y dos cuerpos inmediatos utilizara un lenguaje tan atemperado que a algún historiador haya hecho pensar en las formas del siglo precedente, si bien debe tratarse de la reacción desde dentro del estilo en busca del neoclásico que, por entonces, ya era realidad en otras latitudes. En esta ocasión inspeccionaron las obras por parte del arzobispado el nombrado Antonio Matías de Figueroa y José Álvarez. Con Acevedo parece relacionarse la portada sur, pero eso entra de lleno en el campo de lo hipotético, hasta tanto poseamos datos concretos o en su defecto un conocimiento más completo de su personalidad artística.

Preside el templo un retablo atribuido a Bernardo Simón de Pineda, el notable arquitecto de la madera de la segunda mitad del siglo XVII. En su construcción intervino el ensamblador Francisco de Ballesteros. La parte escultórica se encargó al prestigioso taller de Pedro Roldán entre 1673 y 1681 y está formada por el titular de la parroquia de peregrino en el camarín principal, san Fernando, como patrón de la monarquía hispánica, en el ático, y cuatro historias de la vida del titular: la aparición de la virgen del Pilar, la batalla de Clavijo, su predicación y su martirio. Dos décadas más tarde se doró el conjunto. Esta labor se encomendó a Diego Caro y Francisco de la Peña en 1702. Bastante posterior es ya el sagrario, sin duda procedente de una reforma verificada en el periodo rococó. No menos importancia poseen las solerías y zócalos del presbiterio y ábsides laterales. Las primeras, fechables en el siglo XV, se componen a base de ladrillos de perfil quebrado en alternancia con aliceres romboidales negros y estrellas blancas de cuatro puntas sólo visibles en la capilla de Belén, donde también los hay de cuenca; los segundos, iguales en los tres ábsides, de azulejos planos renacentistas, ejecutados en 1579, al parecer, por Roque Hernández o Alonso García. Completan el conjunto dos púlpitos de forja, cincelados por Pedro Fernández desde 1668, de los cuales el izquierdo se cubre con tornavoz rococó, rematado por la figura de la fe.

Pasando a la cabecera del evangelio, hallamos un altar realizado por Tomás Guisado de 1735 a 1737 para la virgen de Belén, si bien en la actualidad lo ocupa María santísima de la paciencia, esculpida por Francisco Buiza en 1952. Junto a ella los santos Roque y Antonio de Padua; y arriba san Blas, entre los medallones con los santos Juanes.

A continuación en el antiguo sagrario un retablo salomónico que ha perdido las columnas, con nuestra señora, de vestir, en medio de otra virgen con niño y de un santo de Olot. Para este conjunto se sabe que Matías Brunenque, en 1704, una vez concluido por Fernando Pacheco, hizo un relieve. En el suelo destacan varias lápidas, una de ellas, la de Martín López, en caracteres neogóticos. También cabe indicar que en la clave de la crucería existió una apoteosis del cordero místico.

De nuevo en la nave, encontraremos un retablo con la virgen de Belén, la Trinidad en el ático y una pintura de la dolorosa en el banco, pues durante casi dos siglos sirvió de trono al cristo de la Piedad. Rebasado el cancel neoclásico, una reja de 1860 marca el ingreso a la capilla de Jesús nazareno, en cuyo altar decimonónico recibió culto la imagen del cautivo que con el título de Belén se trasladó a san Sebastián.

A los pies de la nave central se encuentra el coro exento, cuya sillería, labrada por Francisco de Ballesteros en 1680, consta de veintitrés sitiales. En el trascoro, a los pies de la epístola, abre el antiguo baptisterio con interesante solería de ladrillos y aliceres de hacia 1500, reja de madera y techumbre decorada con grutescos, mientras en uno de sus muros que-

Cristo de la Piedad..
Iglesia de Santiago.

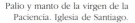

Palio y manto de la virgen de la Paciencia. Iglesia de Santiago.

dan restos de un fresco alusivo al bautismo de Cristo, de mediados del siglo XVI. Sigue en la actualidad el citado crucifijo de la Piedad, notable escultura de fines del cuatrocientos sevillano, considerada por algunos del círculo de Lorenzo Mercadante de Bretaña. Luego un lienzo con el señor del Gran Poder, firmado por José Vázquez en 1857. Pasada la puerta principal, veremos el retablo del siglo XVIII con el devoto Jesús atado a la columna, perteneciente a la homónima corporación fundada hacia 1600, cuya efigie se talló en 1789 por Manuel García de Santiago, aunque hay quien la identifica con la esculpida por José de Valenzuela en 1676. A ambos lados de la expresada imagen hay dos relieves con ángeles pasionarios bajo una santa Brígida, la monja visionaria sueca que describió el escarnio con minuciosa precisión. Junto a la cabecera otro altar de Tomás Guisado en 1735, el de san José, con san Benito, san Felipe Neri y san Blas acompañando al titular.

Sobre la puerta de la sacristía un cuadro con el martirio de san Teodomiro de fines del siglo XVIII. Dentro es preciso destacar su cajonera de madera, realizada en 1748 por Marcos Pérez Sarabia, maestro al que asimismo se deben sus puertas. Allí también, hubo un grupo de Cristo en la cruz con la dolorosa del primer tercio del siglo XVIII. El resto de los enseres pasaron a la prioral de santa María en 1911, cuando unieron ambas feligresías.

Sólo queda mencionar que en las dependencias de la cofradía se guardan dos juegos de potencias del señor de la columna: unas flordelisadas, tardobarrocas, otras de rayos cortados a bisel de estilo rococó, labradas por José Adrián Camacho; la corona y el puñal de la dolorosa del siglo XVIII, tres sayas de idéntica cronología -dos con bordados procedentes de un hábito del san Francisco de Concepción, la tercera con los correspondientes a un paño de pureza del flagelado-, el palio y en especial el manto procesional, adquirido en 1924 a la hermandad del nazareno de Lora del Río, que a su vez lo había comprado a la sevillana de Montesión, siendo obra de Eloisa Rovira en 1884.

Alcázar de Arriba. 65 [11-E]

Por la calle Luis de Rueda se desemboca al borde del alcor, donde todavía hay restos de muralla, que en dirección recta avanza hacia un nuevo alcázar, formando sus costados oriental y meridional. Tal es el alcázar de Arriba, situado al oeste del recinto amurallado y en el punto más alto de Carmona, donde estuvo al parecer la acrópolis primitiva, aunque no adquirió su máxima relevancia hasta tiempos del islam, pues aquí residió primero el gobernador, luego el rey taifa y así sucesivamente, hasta que lo remozó en pleno trescientos Pedro

Alcázar de Arriba (hoy Parador Nacional del Rey don Pedro).

primero con los maestros activos en el alcázar sevillano, quien lo tuvo por uno de sus palacios favoritos. Serían después los reyes católicos los encargados de embellecer el cuarto real y de disponer el noroeste para levantar el Cubete, obra de Francisco Ramírez de Madrid. Sin embargo, el terremoto de 1504 le afectó considerablemente, conservándose a partir de ese momento gracias a los constantes parcheos de que fue objeto, manteniéndose en relativo buen estado hasta que el seísmo de 1755 acabase con él. Desde entonces, abandonado, la ruina sería progresiva.

De planta rectangular, orientada de norte a sur, se compone de dos espacios uno dentro del otro, separados por sus correspondientes muros y barbacanas, excepción hecha de la muralla oriental, que es común. El exterior cuenta con foso excavado delante de sus caras septentrional y de poniente, puesto que las restantes cuentan con el barranco del Trasquiladero. A su recinto se accede por el gran arco latericio de herradura apuntada, construido en el extremo sur del muro occidental, inscrito en alfiz tangente al trasdós y con las dovelas despiezadas. Estaba protegido por enorme matacán del que se conservan los canes pétreos de su soporte. A continuación abrían otros tres arcos apuntados. En medio de los primeros estaba el rastrillo, y entre los segundos un tramo abovedado con motivos heráldicos y cúficos. Y por fin, el gran patio de armas, defendido por tres torres, la ultrasemicircular próxima al ingreso, la rectangular del suroeste con departamento cubierto por bóveda de arista, y la desaparecida del sureste, ocupando todo el sector sur de la fortaleza. Al noreste se hallaba la puerta de la Piedad, cobijada por la torre de dicho nombre que debió ser quizás la del Homenaje, que contó con tres plantas, la inferior cubierta por bóveda de cañón, mientras en las altas eran de arista. Una vez rebasada ésta, se pasaba al alcázar propiamente dicho, con sus barbacanas y las torres de la Piedad, al sur, la Pólvora, al suroeste, los Aljibes y el Trono, al oeste, y la Menor, al noroeste. En él destacaba el cuarto Real, provisto de varias dependencias. Por la nave de los Azulejos, pegada a la muralla de levante, se llegaba, a través de una galería con quíntuple arcada sobre columnas, al patio de los Aljibes, desde donde por escalera se accedía al salón de los Balcones, asomado a la vega. El noreste del edificio es el de origen musulmán remozado por Pedro primero, el cual se organizaba en torno al patio de la Fuente, con pórticos repletos de azulejos, yesos polícromos y áureos artesonados. A él daba la mezquita, luego consagrada a san Juan por los cristianos. Siguiendo la muralla hacia el este se encuentra el lugar denominado la Mazmorra, en realidad un depósito de ladrillo y hormigón, con vestigios de su cubierta de cañón, para surtir de agua al edificio. Un poco más adelante veremos dos muros de la torre de la Banda, que defendía un postigo septentrional, destinado a los cambios de la guardia.

Murallas del Mirador. 66 [11-F]

Inmediata al alcázar se abría la puerta de Marchena, de la que se poseen pocas noticias sobre su aspecto y acontecer histórico, a no ser las relativas al parcheo de su fábrica verificado en 1566 y al intento de poner a buen recaudo la imagen de san Gregorio que albergaba.

Casa de Alonso Bernal Escamilla. 67 [11-D]

En la calle General Freire se encuentra una de las viviendas más hermosas y de mayor prestancia de la ciudad, la casa de Alonso Bernal Escamilla, situada en el número tres. Tiene fachada encalada presidida por una monumental portada dieciochesca de piedra con columnas toscanas, estriadas a partir del tercio inferior, sobre podio, escoltando la puerta y soportando con el entablamento el balcón del segundo piso, rematado en frontón mixtilíneo con pináculos bajo el que aparecía el escudo de armas de sus primitivos poseedores. Encima del dintel del vano de entrada, cadenas recordaban la estancia en este lugar de Felipe cuarto y su hermano el infante don Carlos. En el interior, destacan el patio, las escaleras y no pocas dependencias de desigual época.

Cilla primitiva. 68 [11-D]

Pared con pared, está este edificio, de fachada bastante sobria, paramentos lisos, cubiertas a dos aguas y patio interior. Sirvió de almacén para el grano recaudado y administrado por el cabildo catedral de Sevilla. Fueron sus arquitectos Asencio de Maeda y Esteban Sánchez Falconete, y se levantó entre 1579 y 1588. Ya en 1590 se compraron las casas vecinas en dirección norte para construir las oficinas de la administración de los diezmos de la vicaría. Se documentan como albañil de las obras Cristóbal González y como carpintero Juan Gutiérrez Padilla.

Casa de Alonso Bernal Escamilla.

Cilla nueva. 69 [10-D]

Frente, paredaño a las ruinas de san José, este importante edificio neoclásico, construido por el metropolitano de Sevilla en 1790; las obras corrieron a cargo de José Echamorro, estando sus fachadas divididas en tres tramos por un orden gigante de pilastras toscanas, donde abren ventanales altos y bajos enmarcados por molduras; en el centro la portada, de acentuado clasicismo.

SANTA MARIA

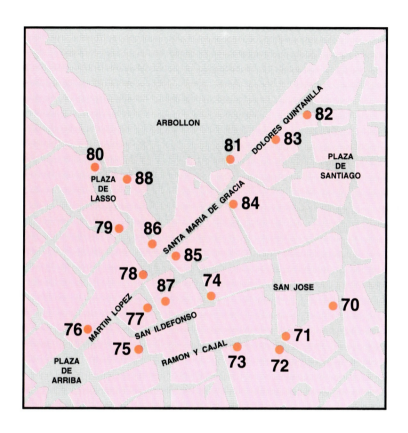

Convento de san José. 70 [11-D]

En la plazuela de san José se hallan los restos -costado del evangelio- de otra iglesia conventual, la de carmelitas descalzos, que también fue clausurada en el siglo XIX, viéndose luego el convento convertido en cárcel, igual que otros: el agustino sevillano de nuestra señora del Pópulo, el de los mínimos en el Puerto, o irónicamente el de los redentores de cautivos en Jerez de la Frontera; de ahí que en una de sus celdas expirase, el 29 de septiembre de 1940, Julián Besteiro. Aparte de eso, los datos sobre su historia, su fundación, etc., escasean. Únicamente se sabe lo concerniente a cuatro altares. El de la virgen de Guadalupe se concertó con José Maestre ante F. Benítez, escribano público de Carmona, el 11 de noviembre de 1717, de acuerdo con las siguientes características: su talla había de ser «de cardo romana, elevada, limpia y primorosa y la escultura de los tres santos y demás niños y ángeles que ha de llevar han de ser en rostros y manos perfectos y devotos y en arte y asimismo he de hacer cuatro blandones pequeños, un atril, marco de frontal y una cruz con un crucifijo todo primoroso y correspondiente a la obra de dicho retablo». Los otros tres, de pino de flandes, se destinaban al beato Juan de la cruz, a otro santo indeterminado y a la sacristía. El primero se escrituró con Francisco Pérez de Pineda, «maestro escultor de Sevilla» en 30 de junio de 1704 y en él debían trabajar, en calidad de oficiales: Pedro Guisado, Juan Guisado y Juan Navarrete, ascendiendo su precio a mil quinientos reales de vellón; por su parte, para el segundo, en 22 de abril del 1713, se eligió a Juan Gatica, arquitecto de Carmona, quien se comprometió a finalizarlo en un año, con su imaginería de ciprés, en la cantidad de dos mil cuatrocientos reales de vellón; mientras para el tercero, en 22 de abril del 1722, ante Diego García de la Cruz, se trajo a Hermenegildo Pérez y a Sebastián González, vecinos de Fuentes de Andalucía, fijando los gastos en mil trescientos cincuenta reales de vellón.

Los restos del templo permiten fechar la construcción en un momento avanzado del seiscientos. Su planta, de cruz latina, constaba de tres naves, cubiertas con bóvedas de cañón: la central con lunetos y cúpula en el crucero; y los muros se adornaban con pinturas del siglo XVIII al fresco, de mejor efecto que calidad, y con una buena colección de retablos coetáneos, casi todos en santa María Magdalena de Dos Hermanas. De ellos destaca el principal, pieza de mediados del siglo XVIII, de innegable calidad, pese a las adaptaciones sufridas al objeto de acoplarlo al nuevo emplazamiento, más reducido. Eso explica que la imaginería de las entrecalles se limite a los santos de la orden: Alberto de Sicilia, Juan de la cruz, el profeta Elías y Teresa de Jesús.

Dado el lamentable abandono en que se encontraba la iglesia, las autoridades locales han acometido importantes obras de adecentamiento del solar, ajardinando la zona, colocando farolas y bancos.

La orden carmelita promovió otras dos casas en Carmona. Al oeste del arrabal de san Pedro, en la confluencia de las carreteras hacia

Costado del evangelio. Restos del convento de san José.

Sevilla y El Viso, estuvo situado el convento de nuestra señora del Carmen, cuyo origen se remonta al año 1558, cuando los regidores carmonenses, haciéndose eco de lo expresado por el capitán Sancho Caro, acordaron en 18 de noviembre suspender las obras por los graves perjuicios que le estaban ocasionando a la villa, pues los carmelitas calzados no sólo se habían establecido en torno a la ermita de san Roque, levantada a comienzos del siglo XVI casi a expensas de fray Juan Caro, sino que habían colocado algunas cercas a su antojo. Con ellas impedían el paso a unos solares previamente concedidos por los ediles a varios vecinos, así como a la calle inmediata al huerto del santuario y a un carril público. Además, frente a la puerta habían dispuesto otras tapias que invadían incluso el camino real y les anexionaba una lumbrera y el antiquísimo edificio por donde pasaban los caños de agua dulce que surtían no pocas fuentes sevillanas. Y por si fuese poco, también se habían atrevido a derribar el viejo humilladero en el que se encomendaban los viajeros antes de partir y la capilla con recinto para acoger a los peregrinos. Pero, a pesar de todo, los frailes no cesaron en su empeño, ya que catorce años después la construcción estaba al parecer muy avanzada. De ahí que se acordase el 18 de febrero de 1562 nombrar una comisión que reconociese cuanto se hacía, al objeto de proponer lo más procedente. Sin embargo, los religiosos contaban con suficiente apoyo popular por parte del vecindario, según confirma el que en

1573 se hubiese fundado ya en su iglesia la hermandad de la Soledad, cuya capilla sería derribada en 1607 por orden del prior de la comunidad, con la consabida protesta del ayuntamiento al provincial por las incomodidades acarreadas a los cofrades. Sea como fuere, lo cierto es que el primitivo templo fue sustituido por otro barroco del primer cuarto del siglo XVIII, al que contribuyó el cabildo, en 9 de agosto de 1726, con mil reales. De él sabemos que se adornaba con abundante yesería: marcos para encastrar los lienzos mencionados en Concepción, elementos decorativos, etc. La exclaustración lo cerró al culto y en estado ruinoso se mantuvo hasta pasada la última guerra civil, cuando fue demolido para levantar un silo.

De sus imágenes, altares y objetos de culto apenas si existen noticias, a no ser las referentes a aquellas obras mencionadas en san Pedro y en Concepción. De ellas interesa destacar el retablo de madera de flandes con apliques de cedro que la extinta hermandad de la Soledad concertó ante Diego García de la Cruz con Juan del Castillo el 15 de octubre de 1702 en once mil reales, porque algunos de sus restos pudieron aprovacharse para instalar las imágenes en la parroquia. En cuanto al órgano, se sabe que fue costeado por las dominicas de Madre de Dios durante el priorato de sor María Marmolejo (1629-1632), y que lo prestaron a los frailes cuando ellas instalaron el neoclásico de santa Catalina.

También consta que el 27 de marzo de 1572 el prior del convento del Carmen compareció ante el cabildo en nombre de un grupo de vecinos a fin de recabar la autorización que permitiese fundar un monasterio de carmelitas calzadas, pues para ello le habían ofrecido unas casas entonces conocidas como las del maestro Castillo. Enseguida se nombró una comisión integrada por varios diputados; sin embargo, parece que un siglo después todavía no habían conseguido su propósito, pues el 26 de febrero del 1672, fray Juan Salas volvía a la carga, esta vez con sendas cartas de apoyo de los duques de Arcos y de Medinasidonia y con la declaración expresa de contar con treinta mil ducados, cedidos al efecto por Gaspar del Castillo y su mujer junto a las expresadas viviendas. El concejo designó otra diputación, citada a informe el 9 de mayo tras la lectura de una segunda petición. Días después, el 23 del propio mes y año, procedieron a manifestar su opinión y acto seguido se les concedió la licencia, siempre y cuando se atuviesen a las siguientes condiciones: residencia en las indicadas fincas, veinte religiosas en la comunidad y presencia de mujeres seglares mientras no excediesen con sus gastos de manutención los treinta ducados anuales. Previamente, el 23 de septiembre de 1669, don Antonio de Briones y Quintanilla indicó a los regidores la conveniencia de celebrar con solemnes fiestas la canonización de santa María Magdalena de Pacis, en la que intervendría el clero carmonense, igual que en la de santa Rosa de Lima, aprobándose el pago de su importe, quinientos setenta y dos reales, el 6 de marzo de 1670. Hasta aquí cuanto se sabe de este cenobio, del que no han quedado restos conocidos que hablen de su aspecto o de las piezas que poseyó.

Casa de los Briones. 71 [10-D]

Inmediata al solar de san José, en la calle Ramón y Cajal, número nueve, se encuentra esta casa, con muro almenado rebosante de buganvillas, jazmines y otras plantas que enmarcan el patio de ingreso, donde aparece la verdadera fachada del edificio, con balcón corrido a lo largo de toda ella y puerta principal, de ladrillo, a modo de gran arco de estilo isabel, inscrito en alfiz, muy restaurado y en esviaje con respecto a la de la calle, que da paso al apeadero.

Casa del marqués de san Martín. 72 [10-D]

Frente, en el número doce se sitúa la casa del marqués de san Martín, que destaca por su interesante portada mirador del siglo XVIII, de gran sencillez, a base de pilastras toscanas de ladrillo, balcón entre pináculos

Casa del marqués de san Martín.

Casa de los Villa.

y tejaroz cubriéndolo. En el interior destaca el patio, quizás anterior, con arcadas en tres de sus galerías bajas y sobre todo la casa de labor, las cuadras y las caballerizas con columnas marmóreas, mientras en la primera se emplean gruesos pilares octogonales con alfices enmarcando los arcos, de clara filiación mudéjar.

Casa de los Villa. 73 [10-D]

También en la calle Ramón y Cajal, número ocho, se levantó, en el siglo XVIII, la casa de los Villa. Presenta portada de ladrillo, muy sobria y de caracteres muy clásicos: pilastras toscanas, frontón roto enmarcando el balcón con pináculos.

Casa de los Quintanilla. 74 [10-C]

Por la calle del Sol se llega hasta la casa de los Quintanilla, situada en la cabecera de la calle san Ildefonso, que presenta monumental portada de piedra con doble columna toscana a cada lado del primer cuerpo, balcón corrido de perfil abombado sobre el entablamento y columnas

Casa de los Quintanilla.

Fachada principal. Casa de los Aguilar.

jónicas adosadas con el tercio central estriado y los otros dos entorchados, soportando el frontón triangular roto por su base en sendos roleos, donde se especifica la fecha de construcción: 1755. No menos interesante es su fachada lateral, muy larga, con rica decoración tardobarroca, entre cuyos elementos ornamentales destacan en los mechinales de los balcones unas estilizaciones del siglo XVIII de las lacerías islámicas. En su interior cabe destacar el patio principal con tres arcadas sobre columnas corintias de mármol blanco y cimacios de fábrica bulbosos en el bajo, mientras que en el alto las galerías se cierran mediante balcones. También es destacable la escalera, con interesante lienzo de la época representando a la virgen de Gracia, en el rellano. En las lonjas del patio se conserva una bella pila bautismal de barro vidriado, traída de Castilleja de Talahara, fechable en el siglo XV, una curiosa colección de retratos representando a diversos miembros de la familia Fernández Marmolejo, así como sillería romántica con incrustaciones de nácar. Por otras estancias buenos bargueños, una virgen medieval de talla policromada, grabados con asuntos históricos y mitológicos y, entre las pinturas, un Fernando sétimo realizado por Cruz y las copias de los cardenales Cervantes y Alonso de la Milla, obispo de Guatemala, más una colección de ejecutorias de la nobleza local.

Casa c/. Fernando de la Barrera, núm. 2. 75 [9-D]

Calle abajo, en dirección oeste, se desemboca en esta otra, cuyo número dos es una casa decimonónica con puerta central escoltada por tres ventanales adintelados a cada costado. El patio, pieza de interés, tiene galería volada sobre zapatas y columnas de fundición.

Casa c/. Martín López, núm. 23. 76 [9-D]

La calle Fernando de la Barrera desemboca en la de Martín López, cuyo número veintitrés es una típica casa burguesa destinada a vivienda, de tres plantas. Interesa su fachada, propia de comienzos del presente siglo, con decoración de flor de lis en ladrillo. Presenta en el bajo puerta principal entre cuatro ventanales, dos a cada lado, arriba un cierro de hierro de inspiración decimonónica y, a los lados, cuatro balcones; en el ático, cinco vanos de medio punto, inscritos en sus correspondientes alfices, recordando los graneros de las casas dieciochescas.

Casa de los Rueda.

Casa de los Rueda. 77 [9-D]

Siguiendo por la calle Martín López, nos encontraremos con el costado de una de las viviendas de mayor interés que jalonan la ciudad, la casa de los Rueda, única de la calle Carlota Quintanilla, realizada en el siglo XVIII en mampuesto y cantería, con excelente portada retablo dispuesta en dos cuerpos. El primero a base de columnas toscanas estriadas soportando el roto entablamento; el segundo con columnas jónicas y frontón curvo, bajo el que se encuentran las armas de Luis de Rueda, de acuerdo con el esquema del desaparecido arco de Felipe segundo, cuya influencia en la arquitectura civil carmonense resulta palpable. En el interior destaca el patio de galería baja porticada con columnas toscanas de mármol, sobre cuyos cimacios bulbosos apean tres arcos en cada uno de sus frentes con las enjutas decoradas; la galería alta, con pilastras cajeadas, va cerrada por balcones adintelados. No menos importancia presenta la escalera. También cabe destacar el interesante mobiliario que la decora, sus lámparas, una de ellas adquirida hace bastantes años a las dominicas, sus lienzos y grabados; entre aquéllos cabe destacar una Purísima del primer tercio del siglo XVII, con corona sobrepuesta de plata en estilo rococó, y entre éstos una buena colección decimonónica en color.

Casa de los Aguilar. Fachada lateral.

Casa de los Aguilar. 78 [9-C]

Inmediata a la descrita está la casa de los Aguilar, en el treinta y nueve de la calle Martín López, edificio setecentista que, durante siglos, fue sede de las casas consistoriales. Posee importante portada de doble cuerpo; el primero con pilastras jónicas enmarcando el vano principal, rodeado de molduras mixtilíneas y elementos vegetales, así como por una lápida donde, junto a los nombres de los regidores de entonces, aparece la fecha de 1697; el segundo, bastante esbelto para el balcón, con pilastras corintias y roleos rematados por cestos con frutos y flores. También destacan el mirador abierto a la plaza del marqués de las Torres, y los artesonados mudéjares de algunas de sus estancias.

Casa plaza de las Descalzas, núm. 2. 79 [9-C]

La casa de las Descalzas, en la plaza de este nombre, tiene dos plantas y fachada clasicista de gran interés, cortada en tramos por un orden gigante de pilastras almohadilladas enmarcando grandes cierros a ambos lados de la portada, de pilastras cajeadas toscanas y entablamento decorado con metopas, sobre el que vuela el balcón, cuyo vano se remata con frontón curvo. Este edificio de propiedad municipal, hoy se dedica a casa de cultura.

Casa de los Lasso.

Casa de los Lasso. 80 [9-C]

En la plaza del mismo nombre se encuentra la casa de los Lasso, construida durante el primer cuarto del siglo XVII, de la que, como único resto de su primitiva fábrica, queda la importante portada pétrea de su fachada principal, provista de pilastras almohadilladas, dintel despiezado con escudo de armas en mármol al centro, frontón curvo sobre el balcón superior y pináculos piramidales rematados por sendas bolas junto al mismo. Las estancias, en algún caso quizás anteriores, en otros posteriores, sí, al menos, hubieron de remodelarse bastante en el siglo XVIII. Cuenta con apeadero de tránsito al patio principal, que según las normas estéticas del mudéjar sevillano presenta doble galería porticada en tres de sus frentes, mientras el cuarto reserva el alto para terraza; en uno de su ángulos la monumental escalera, cubierta por bóveda sobre trompas. Posee, además, otros patios de servicio, junto a numerosos salones y dependencias, algunos de ellos techados por alfarjes de ascendencia morisca. Decoraban su interior varias esculturas de época romana.

Casa c/. Dolores Quintanilla, núm. 1. 81 [10-C]

Por el Arbollón frente al monasterio de santa Clara y a la santa Caridad, se sitúa la casa de la calle Dolores Quintanilla número uno con notable fachada dieciochesca, enmarcada por pilastras toscanas cajeadas y gran balcón superior entre cierros.

Casa de las Niñas. 82 [11-C]

En la misma calle está la casa de las Niñas, del siglo XVIII, provista de dos plantas con portada entre pilastras y balcón superior de perfil quebrado en el barandal, gracias al entrante del entablamento, a cuyos lados se abren tres cierros altos y otros tantos bajos.

Hospital de la Misericordia y Caridad. 83 [11-C]

En la calle de la Orden se ubica el hospital de la Misericordia y Caridad de nuestro señor Jesucristo, cuya portada de ladrillo ha hecho de él uno de los puntos más característicos de este trozo de la geografía urbana. Dispuesta en tres cuerpos decrecientes divididos por pilastras cajeadas, guardando el *ordo ordinis*, con sus correspondientes arquitrabes, frisos y frontones curvos rematados por pináculos en los extremos, destina el registro superior a la espadaña y el central a un panel cerámico con el emblema de la corporación.

Su fundación se verificó en 1510, gracias a la protección dispensada por doña Beatriz Pacheco, duquesa de Arcos, quien consiguió de Julio segundo la bula de su aprobación canónica y un año después, por su testamento en 5 de abril, le otorgaba sus casas principales. Pasaron los lustros y como en el arrabal de san Pedro se organizó en 1670 una asociación piadosa con idénticos fines bajo la advocación de la santa Caridad, pronto acabaron uniéndose e incluso logrando carta de confraternidad, fechada en 13 de junio del expresado año, de la hispalense del venerable Mañara. Luego se le uniría también el asilo de niñas huérfanas con el título de la coronación de espinas, que bajo su tutela puso doña Josefa Narcisa Fernández Zapata, marquesa viuda del Saltillo, el 12 de febrero de 1782. Para ello le donó varias fincas donde instalarse y con las cuales conseguir las rentas suficientes para sufragar los gastos de su costoso mantenimiento.

La iglesia, de una sola nave con cubierta plana, es bastante sencilla. Preside el presbiterio un cuadro de altar con el tema de la visitación, en el que destaca la excelente moldura barroca que lo enmarca. Es anónimo y dada su filiación murillesca, algunos lo relacionan con la producción de Juan Simón Gutiérrez. Debajo se encuentra un sagrario de madera policromada y un crucifijo de marfil, ambos contemporáneos del lienzo. Dos lámparas argénteas con decoración de rocallas y el punzón de Ruiz completan el conjunto.

De los muros cuelgan once pinturas de idéntica procedencia y fecha a la indicada: la purísima Concepción, san José, y nueve de las

diez historias de nuestra Señora (el nacimiento, la presentación, la anunciación, el sueño de José, los desposorios, la visitación, la adoración de los pastores, la epifanía y la candelaria; la restante, el descanso en la huida a Egipto, está en el vestíbulo). A los pies, otro par de óleos, esta vez del siglo XIX, con los sagrados corazones de Jesús y María. Pero sobre todos ellos, destaca por méritos propios la coronación de espinas «de diestro artífice» que dejó a la hermandad la marquesa del Saltillo, obra próxima al estilo de Gerardo de Honsthort, el conocido tenebrista holandés. En el costado del evangelio, próximo a la cabecera, abre la capilla del cristo de la Misericordia, talla del segundo tercio del siglo XVI, con corona de espinas y potencias de plata de hacia 1630, sobre peana barroca.

De la sacristía únicamente cabe señalar la existencia de dos esculturas: una Inmaculada del siglo XVIII y un cristo muerto en la cruz, de plomo, de la centuria precedente. Le sigue en importancia la antigua sala de juntas, donde se distinguen

Portada de la antigua capilla.
Hospital de la Caridad.

Retablo Mayor. Capilla.
Hospital de la Caridad.

tres espacios: uno largo y dos alcobas separadas por sendos arcos de herradura apuntados, restos indudables del inmueble donado por la duquesa de Arcos en 1511, cuya antigüedad puede remontarse al siglo XIV. En ella aparece una colección de doce cobres flamencos de la segunda mitad del siglo XVII con leyendas alusivas al credo que representan: la creación de Eva, la anunciación, el nacimiento del Mesías, la transfiguración, la crucifixión, el descenso a los infiernos, la ascensión y pentecostés, el juicio final, la resurrección de los muertos, la gloria, la remisión de los pecados y la comunión de los santos. Algo posteriores son un *ecce homo* pintado a fines del siglo XVII, un crucifijo de mediados del siglo XVIII y cinco lienzos ya de fines de este último siglo con la natividad, nuestra señora, la sagrada familia, el martirio de san Bartolomé y santa Marina. Del ochocentista Manuel Quesada Vázquez hay un par de ellos: la alegoría de la caridad y el retrato de un sacerdote, de 1887.

No menos destacable resulta el patio principal, quizás

Ecce homo. Hospital de la Caridad.

San Francisco de Asís.
Hospital de la Caridad.

del siglo XVI, aunque use pilares ochavados de ladrillo, acordes con los habituales durante el reinado de Isabel primera, en alternancia con columnas de mármol blanco, cuyas basas y capiteles posiblemente se trajeron de Génova. Con él comunican el vestíbulo, el recibidor y la escalera. En el vestíbulo se conservan cuatro cuadros del siglo XVII con san Antonio, san José y el descanso en la huida a Egipto del granadino Pedro de Moya, aparte el mencionado con idéntico tema. En el recibidor un san Francisco de Asís influido por Zurbarán, y en la escalera un buen pastor de mediados del siglo XVIII.

Convento de santa Clara. 84 [10-C]

En la calle de la Orden, un soberbio mirador barroco, de elegantes líneas y altas celosías entre pilastras toscanas, rematado por una estructura encamonada a cuatro aguas y buhardillas, nos anuncia la proximidad del monasterio de santa Clara. A él se accede a través de doble portada pétrea, muy solemne y pesada, con jambas almohadilladas y friso corrido con hornacina para la titular. Se concertó el 29 de junio de 1705 con Juan Antonio Blanco ante Roque Jacinto de Santiago, escribano público de Carmona. Una vez traspasado el umbral nos hallaremos en un recoleto e idílico compás ajardinado, donde de nuevo un par de puertas gemelas, símbolo de la dualidad masculino-femenino, espíritu-materia, bien-mal, vida-muerte, salvación-condenación, etcétera, nos introducen en la capilla conventual de mujeres más antigua e íntima de la ciudad.

Fundado por Teresa y Beatriz de Salcedo en 1460, parece que desde bien pronto gozó de la protección del aristocrático cabildo carmonense, a juzgar por las numerosas concesiones de que le hizo objeto a lo largo de su historia. Al principio, por disposición de la bula institucional de Pío segundo en 11 de junio de dicho año, dependía del homónimo sevillano, aunque fechas después, a instancias de la marquesa de Cádiz, Inocencio octavo lo hizo partícipe de las gracias e indulgencias disfrutadas con anterioridad por las monjas de Tordesillas.

La iglesia, en cuanto a estructura, no aporta grandes novedades. Sigue a la perfección el modelo de capilla monacal repetido con frecuencia en la región durante el periodo mudéjar; es decir: una sola nave cubierta por artesonado y el presbiterio, a nivel superior, cerrado con tracerías góticas. Restos de las primitivas construcciones son la portada ojival ciega de los pies y la bóveda estrellada de la capilla mayor, concebida dentro de unas formas bastante decadentes y expresivas por ello de su cronología, quizás próxima a los inicios del siglo XVI, según confirma la propia traza del arco de triunfo, también apuntado pero descansando ya sobre sendas columnas de orden

toscano, en señal del influjo que por aquel entonces empezaba a ejercer sobre las artes hispanas la estética del renacimiento. A pesar de todo, el mudéjar continuó detentando un considerable poder de aceptación en la comarca; prueba de ello es el excelente zócalo de azulejos de cuenca entremezclados con alguna lacería de cuerda seca, fechable a fines del siglo XVI.

Sin embargo, sería hacia mediados de la siguiente centuria, cuando el templo experimentó importantes reformas que lo configuraron en gran medida con su aspecto actual. Así en 1645 Felipe de Ribas, notable escultor y arquitecto cordobés afincado en Sevilla, concluía el altar mayor. Consta de banco, dos cuerpos de tres calles cada uno y ático. En el primero, antes medio oculto por rico tabernáculo de rocallas, aparecen san Francisco de Asís y san Buenaventura escoltando a la eucaristía; en el segundo, la titular entre san Luis Beltrán y san Juan de Capistrano; arriba la Asunción centrando a dos reinas de nombre Isabel, que tras ocupar los

Portada del compás y mirador.
Convento de santa Clara.

Torre y claustro principal.
Convento de santa Clara.

tronos de Hungría y de Portugal, al enviudar, vistieron los hábitos de la orden en calidad de terciarias, mientras el remate se reserva como siempre al padre eterno.

En el muro de la epístola un retablo del siglo XVIII con san Antonio de Padua, atribuible a Ribas, y en el del evangelio otro con un calvario, cuyo crucificado es manierista, a diferencia de la dolorosa y del evangelista que son tardo-barrocos.

Pero las reformas no consistieron sólo en esto, sino en el dorado y policromado de los muros de la propia cabecera y del cuerpo de la iglesia en 1664, una fase a la que corresponden igualmente, tanto la ventana simulada del costado sur, como la doble hilera de lienzos zurbaranescos con ángeles y bienaventuradas que en parsimoniosa procesión, como en los templos bizantinos, se encaminan al altar principal: Dorotea, Justa, Águeda de Catania, a la izquierda; Rufina, Catalina de Alejandría, Marina, Rosalía, Lucía de Siracusa y Bárbara de Nicomedia, a la derecha. De ellas interesa so-

Bóveda del presbiterio.
Convento de santa Clara.

Galería baja del claustro principal.
Convento de santa Clara.

bre todo su efecto plástico y simbólico. Las vírgenes y mártires representan el modelo a seguir: la castidad, las mortificaciones de la clausura, etcétera. Los ángeles, sus anhelos: el estado de pureza, la perfección a alcanzar. El conjunto se completaba con las pinturas de santa Clara portando la eucaristía y de los moros ante las murallas de Asís del museo de Sevilla, más las dos existentes en Palma de Mallorca, encargadas a Juan de Valdés Leal en 1653. Como en 1911 fueron vendidas a la familia Bonsor, se sustituyeron por otros cuatro óleos del último tercio del siglo XVII: un santo Domingo en Soriano, una epifanía, un tránsito de san José y una calle de la Amargura.

Una pareja de ángeles lampareros del siglo XVIII apoyados en los gruesos columnones del arco de triunfo, marcan el paso al cuerpo de la iglesia, en cuyo muro del evangelio abren al compás el aludido par de portadas gemelas. Éstas se utilizaron hasta hace unos lustros para las respectivas entradas y salidas del cortejo de escolares que el domingo de doctrina acudía con una imagen de la santa a oir el

Retablo mayor.
Convento de santa Clara.

Nave con coros al fondo.
Convento de santa Clara.

sermón. Estamos ante un lejano eco del complejo ceremonial litúrgico postrentino, tan rico en matices y significados. Frente a ellas, y centrados por un cuadro de san Antonio de Padua de la segunda mitad del siglo XVII, se ven los tabernáculos de rocallas de san José y de la virgen de Fátima, esta última en figura de bazar. Plasman el poético sueño de una clarisa mexicana que vio las puertas protegidas por los padres terrenos del redentor. En medio de ellas el púlpito de forja, al que se accede a través de una escala con baranda de madera tallada y dorada a juego con el tornavoz rococó. A continuación se encuentra un retablo de mediados del siglo XVIII con santa María del Valle, más dos lienzos de la primera mitad de la centuria precedente con san Sebastián y el nacimiento de Jesús. En cambio, los que decoran el muro de los pies (un bautismo de Cristo, un santo entierro, una estigmatización y un calvario) se pintaron en el siglo XVIII, fecha a la que asimismo corresponde la cratícula con los santos Juanes y el sacrificio de Isaac entre flores y espejuelos embutidos. A esta época pertenecen también la primera y última vitrinas del costado de la epístola, ejecutadas en 1722 por Tomás Guisado, las cuales contienen sendos óleos coetáneos con la virgen del Carmen y con la santísima Trinidad. En este mismo testero hallamos otra, neoclásica, de caoba, con el tema de la Encarnación, fechable a comienzos del siglo XIX. Y por último, un zócalo cerámico de estilo pisano, labrado a fines del siglo XVI.

La nave del templo continúa en el sotocoro, donde se ubica una sencilla sillería, muy apropiada para un cenobio franciscano, en medio de la cual se alza el correspondiente facistol a juego. Ambas piezas se consideran posteriores a 1650. Junto a ellas una puerta del siglo XVIII y siete retablos-hornacina, la mayoría del periodo rococó, que muestran la siguiente imaginería: la divina Pastora, san Francisco de Asís, la virgen del Patrocinio, santa Clara, dos santos de vestir y un cristo de la Humildad y Paciencia de papelón, ganado en sorteo restringido a las comunidades femeninas de la ciudad, pues gozaba de gran devoción popular al tratarse del primitivo titular de la homónima cofradía de penitencia. Con ellos alternan tres lienzos, también del siglo XVIII, con la purísima Concepción, la circuncisión y la virgen de la Paloma. Por su parte el coro alto apenas si presenta decoración, a no ser la procedente de la propia arquitectura: la cubierta es prolongación del artesonado de la iglesia; la solería de olambrillas, a base de piezas de cuerda seca y de aristas, entremezcladas, se puso a fines del siglo XVI, lo mismo que las yeserías que enmarcan una de las ventanas.

Preside la sacristía un altar barroco de la segunda mitad del siglo XVII con una pintura del calvario, de idéntica cronología, y un zócalo de azulejos planos de las postrimerías del siglo precedente. En ella se guardan valiosos ornamentos litúrgicos y vasos sagrados, de los cuales sobresalen un cáliz dorado con querubes, realizado en torno a 1700, otro de hacia 1800 con medallones y un copón rococó.

Paredaño a la capilla, se dispone el claustro conventual, pieza de notable interés por todos los conceptos. Fue el modelo seguido por las clarisas fundadoras de no pocos monasterios virreinales, de los cuales el de santa Clara de Tunja es cumplido ejemplo. Dividido en dos plantas sin ejes compositivos articulando la distribución de los vanos, en la inferior presenta arcos de medio punto inscritos en sus respectivos alfices sobre columnas toscanas de mármol; en la superior, escarzanos sobre pilares ochavados de ladrillo, un maridaje de formas mudéjares y renacientes, característico del reinado de Carlos primero, patente en otros puntos de la propia estancia: en el arrimadero, con losas planas y de cuerda seca, en la casetonada bóveda vaída de uno de los ángulos, en las pilastras platerescas con yeserías de ascendencia morisca sobre las que apoya, semejantes a las visibles en una de las puertas de la galería alta. Pero por el claustro siempre discurrieron las frecuentes procesiones monjiles. A tal fin se practicaron nichos y hornacinas para imágenes, al objeto de verificar ante ellas las consabidas estaciones. Eso explica la presencia de un Jesús nazareno, de tamaño académico, posiblemente ejecutado en torno a 1590.

De acuerdo con la expresada simbiosis de islamismo y romanidad se levantaron la mayoría de las dependencias conventuales. No en vano, los patios de la cocina y de la enfermería resultan en todo semejantes al principal. Igual sucede con las roperías, con sus arcadas tardogóticas sobre soportes marmóreos y latericios; con la techumbre de carpintería de lo blanco; con la escalera del noviciado, con azulejos del siglo XVI y un camino del Calvario del siglo XVIII, de acusado sabor popular; con la sala capitular, cuya solería es de mediados del siglo XVI, donde pueden verse lienzos del siglo XVIII de maestros locales con la Trinidad, la Inmaculada y la virgen del Carmen, vitrinas tardobarrocas para las tallas revestidas del niño Jesús, la reina de los ángeles, la virgen del Rosario y de san Francisco de Asís, de idéntica fecha y estilo, y un Jesús caído de la segunda mitad del siglo XVII que vino de santa Clara de Utrera, más la lápida sepulcral de la duquesa de Arcos, doña Beatriz Pacheco, en 1511.

En el refectorio, el artesonado se decora con grutescos y las jambas de su ingreso con azulejos pisanos. Preside el recinto una tabla de Pedro de Morales, datable en torno a 1520, con el tema de la santa cena, la cual aparece acompañada por los lienzos del *ecce homo*, de hacia 1615, de la purísima Concepción, aproximadamente de 1750, más un retablo pictórico de rocallas con santa Clara de Asís entre san

Francisco y san Buenaventura, así como seis escenas de la pasión inspiradas en grabados flamencos.

En el vestíbulo, unos cuadros muy populares con la fundadora, santa Inés y san José, además de dos tallas: un niño pasionista y un crucificado, ambas de fines del siglo XVII, y los azulejos del zócalo del siglo XVIII, y de la Inmaculada. Las restantes dependencias organizadas en calles y plazas, proceden de la absorción dentro de la clausura de una parte importante de este sector urbano. Sin embargo, lo verdaderamente curioso es que, pese a constituir en su origen una solución de emergencia, se importó a América con gran fortuna y consagrada como algo típicamente hispano.

Casa de san Andrés. 85 [10-C]

En la plaza del marqués de las Torres, edificio del siglo XVII donde estuvieron establecidos los redentoristas, al que las reformas posteriores han desfigurado bastante.

Convento de las Descalzas. 86 [10-C]

Frontero a la casa de san Andrés se encuentra el convento de la santísima Trinidad, de monjas agustinas descalzas recoletas, fundado en torno a 1629, al parecer de modo fraudelento y contra la voluntad del cabildo de Carmona, que para impedirlo se vio obligado a poner guardias en la puerta de la casa de doña Juana Camacho y a recurrir tanto al nuncio apostólico como al real consejo de Castilla. A pesar de ello, aún hoy, continúan establecidas en dicho solar, por lo que se deduce lo infructuoso de tales medidas y el éxito de las religiosas. Así las cosas, consta que en 1718 la comunidad adquiriría cien millares de ladrillos y toda la cal necesaria al intento de sacar el edificio de nueva planta. Tres años después se habían iniciado ya las obras de la iglesia, si bien no concluyeron hasta 1748, fecha en que se celebraron solemnes fiestas con motivo de su inauguración. Dispuesta en forma de cruz latina, con una sola nave de cabecera plana y crucero con cúpula sobre pechinas, decoradas con las figuras de los evangelistas en relieve entre hojarascas y ángeles, posee gran unidad estética y no menor calidad artística, a tono con el renombre de su supuesto autor: Diego Antonio Díaz, por aquel entonces maestro mayor del arzobispado.

De acuerdo con la costumbre local, presenta portadas gemelas, por donde la virgen de Gracia, en sus esporádicos recorridos por Carmona, ingresa por la inmediata al presbiterio y tras visitar el coro sale por la más próxima a éste. Una vez dentro nos sorprende el retablo mayor, inconcluso -igual que tantos de la época- en lo referente a dorado y policromía. La arquitectura quizás se deba a Felipe Fernández del Castillo, mientras que la imaginería resulta a todas luces próxima a la de Benito Hita y Castillo, su habitual colaborador. Y es que además de mostrar en el tipo de talla, de ordenación de espacios, los rasgos distintivos de su estilo, se sabe que se estaba tallando en 1754, cuando las agustinas solicitaron ayuda al cabildo carmonense para terminarlo. En él se veneran los relieves con los titulares y con el obispo de Hipona recibiendo de manos de nuestra señora de Consolación la correa o cíngulo, las efigies de bulto de los apóstoles Pedro y Pablo, de pequeño formato junto al manifestador, de san José y de san Joaquín en el ático y, en las entrecalles, los bienaventurados de la orden: Juan de Sahagún, Nicolás de Tolentino, Clara de Montefalco y Verónica de Binasco, todas de tamaño natural.

En la nave se hallan varios retablos, la mayoría del siglo XVIII y en algunos casos sin dorar. El primero que contemplamos en el lado del evangelio, según se avanza en dirección a los pies de la capilla, pertenece al periodo tardorrococó y se consagra a santa Mónica, escultura de hacia 1700, a la que acompañan los franciscanos Guillermo y Federico de Ratisbona, bajo el carmelita Juan de la Cruz, del siglo XVII, en el cuerpo superior. Luego un púlpito del siglo XVIII de forja, y a continuación otro altar, ahora de estípites, con los regulares de la Compañía de Jesús y la Purísima, de idéntica cronología, lo mismo que el siguiente, dedicado a la visión de san Ignacio, san Alfonso María Ligorio y los redentoristas Gerardo María Mayela y Clemente. El último de este costado, neoclásico, presenta una imagen de vestir decimonónica de la virgen de Guadalupe, y pegado a él un lienzo con la Inmaculada, a lo Pacheco, del primer cuarto del siglo XVII. Pasada la reja del sotocoro, enmarcada por molduras tardobarrocas y por una pareja de portaditas ciegas, sin duda una de ellas concebida para albergar la cratícula, contemplamos ya en el muro de la epístola el tabernáculo de santa Rita de Casia, cuya efigie, próxima a 1750, está bajo un relieve con la aparición de Cristo crucificado a la titular y entre las figuritas de san Miguel arcángel y san José. En el crucero veremos el de san Agustín con santo Tomás de Villanueva y san Alipio, debajo del grupo con el bautizo del fundador por san Ambrosio.

Preside el coro un retablo de rocallas con una virgen de Gracia de candelero, en la hornacina principal, y a su izquierda una talla de santa Teresa del siglo XVIII. De los muros cuelgan cuatro cuadros: una Concepción, un san Juanito y las sagradas familias de Jesús y María, coetáneos de la doctora de Ávila y de los cuatro ángeles lampareros con sus aceiteras de plata, dos de ellas finamente repujadas en el periodo rococó. En la sacristía, cubierta por bóveda esquifada con lunetos, se guarda una escultura, también del siglo XVIII, del niño

Dios dormido sobre los instrumentos de la pasión, un cuadro de san Cristóbal de fines de la centuria anterior y un retrato de la venerable madre Antonia de Jesús, fechado en 1795. Pero sobre todas estas piezas descuella el monumento pascual, obra anónima de hacia 1690, posiblemente hecha por los hermanos Barahona. Referente a la orfebrería mencionaremos un cáliz manierista de los albores del seiscientos, un copón del propio estilo, aunque de las postrimerías del quinientos y un ostensorio, imperio, con el punzón de Palomino.

Las restantes dependencias conventuales no ofrecen un interés arquitectónico excesivo, a no ser la escalera, adornada con buenos azulejos planos de los últimos años del siglo XVI, o el claustro, de hacia 1700, con galerías porticadas a base de arcos semicirculares sobre columnas marmóreas y techumbres de alfarje mudéjar. En la primera cuelga un lienzo de Juan Simón Gutiérrez, de 1698, representando a nuestra señora de Consolación o de la Correa en *sacra conversazione* con los bienaventurados de la orden: Agustín de Hipona, Nicolás de Tolentino, Mónica y Rita de Casia. En el segundo,

Retablo mayor.
Convento de las Descalzas.

Nave desde el presbiterio.
Convento de las Descalzas.

junto a pinturas tardobarrocas de maestros locales con san José, san Pedro, el beato Juan Grande y santa Ana con María y Jesús, se conserva una hornacina con la virgen de la Estrella, de vestir, de la misma época, y un crucifijo de papelón, quizás labrado en el periodo manierista.

Sólo queda por mencionar un marco tallado y dorado del refectorio, una Magdalena de bulto y la custodia, en este cenobio de los ricos trajes de corte con que se reviste habitualmente a la patrona de la ciudad. De ellos destacan uno setecentista de raso blanco con bordados en oro y perlas, otro romántico de terciopelo verde nilo con tachonado de estrellas en el manto, el de encajes de bruselas y el rojo con flores y roleos dorados, hecho en Valencia en la década de los veinte del siglo en curso.

Iglesia de santa María. 87 [10-C]

Con la prioral de santa María nos encontramos ante el máximo exponente de la arquitectura religiosa carmonense. Levantada a partir de 1424, a imitación de la catedral sevillana, sobre el solar de la antigua mezquita mayor, arruinada como consecuencia del paso de los años y del terremoto de 1355, conserva todavía, aunque muy restaurados en el siglo XV y modernamente en 1909 y 1975, el *shan* o patio de las abluciones del primitivo santuario. A él pertenece la galería porticada de ladrillo con cimacios y columnas de mármol o granito, adosados a los pilares, entre los que destaca un calendario litúrgico visigodo del siglo VI, característico del acarreo de materiales practicado por los musulmanes. En el costado de levante se halla una ventana y una portada lanceteada interior, próxima al muro del evangelio de la iglesia, en cuya cara a la plaza del marqués de las Torres cobra unas dimensiones capaces para el desarrollo de una sencilla arquivolta ojival, encuadrada y coronada por el consabido alero de modillones. Dentro del propio patio de los naranjos, en su ángulo nordeste, y formando unidad estética con él, se encuentra la capilla de los Apóstoles, del siglo XV, cubierta por bóveda ochavada sobre trompas, con decoración barroca posterior, contemporánea del retablo que la preside, fechable en torno a 1630, el cual cuenta con relieve central de la santa cena, un san Mateo y una Purísima dieciochesca, coetánea de los nueve lienzos, muy deteriorados, que cuelgan de los muros: el bautismo de Cristo, la dolorosa, la virgen de la Paloma, el precursor, la Magdalena y los santos Francisco de Asís, Antonio de Padua, Jerónimo y Martín de Tours; en el suelo la losa sepulcral de José Caro y Briones, de 1778. Fuera, encima del postigo del sagrario, una santa Bárbara del siglo XVI, titular de una extinta hermandad sacerdotal.

En la esquina noroeste se alza la torre. Dispuesta en cuatro cuerpos decrecientes, sus obras se iniciaron, pese a los rasgos islamizantes de los huecos del campanario, en el siglo XVI. Pirámides rematadas en ramos forjados de azucenas marcan el tránsito a la parte dieciochesca. Las hizo en 1702 un cantero local, Francisco Gómez, en precio de mil reales de vellón. En cambio, el más elevado, con su chapitel alicatado en blanco y azul, y el reloj del inmediato anterior se deben a la munificencia de Carlota y Dolores Quintanilla, quienes los costearon en 1893, como consta en la lápida del tramo inferior.

Pero sin lugar a dudas, la verdadera importancia de este conjunto arquitectónico radica en el templo cristiano propiamente dicho. Concebido de acuerdo con la planta de salón habitual en las parroquias del tardogótico andaluz, cuenta con tres naves, más las capillas entre los contrafuertes laterales. Se hizo en dos etapas constructivas bastante diferentes. La primera, desde 1424 a 1518, abarca del coro a los pies. En ella los sencillos pilares poligonales y las elegantes bóvedas sexpartitas proceden de las intervenciones sucesivas de Rodrigo de Gibaja, desde 1497, y del maestro mayor de la catedral hispalense, Alonso Rodríguez, desde 1505 en adelante. A Antón Gallego se atribuye su conclusión, si bien en 1521 todavía eran dirigidas por Juan de Matienzo. La segunda comenzó en 1525, con el propósito de aumentar sus proporciones por la cabecera, ya que a todas luces resultaba insuficiente. Diego de Riaño fue el tracista de los complicados pilares de base circular, repletos de baquetones a distintas alturas, y de las bóvedas estrelladas, especialmente decoradas en el cimborrio, donde, además de los florones y rosetas de las nervaduras lucen motivos heráldicos y bíblicos, esculpidos dentro de una estética muy próxima al renacimiento. Sería Juan de Escalona, su sucesor en la dirección de las obras, el encargado de terminarlas en 1551 y de proyectar el antiguo sagrario según los patrones clasicistas del nuevo estilo. Problemas laborales las interrumpieron en 1566, obligando a Hernán Ruiz a tasar lo levantado. Enseguida cobraron el impulso definitivo. Las acabó Pedro Díaz de Palacios en torno a 1577 ó 1578. A esos mismos años corresponden la antesacristía, la sacristía, la capilla del sagrado corazón y el coro exento, cuyos arcos del trascoro son representativos de la época. Del periodo barroco se conservan la puerta del Sol y la capilla sacramental, obra anónima de fines del siglo XVII, con un par de espacios cúbicos, cerrados por sendas bóvedas rebajadas sobre pechinas. La otra de Antonio Chamorro en 1775, aportando el sinuoso ritmo del orden salomónico a la cornisa del atrio. Peor suerte corrieron en cambio los demás accesos, pues,

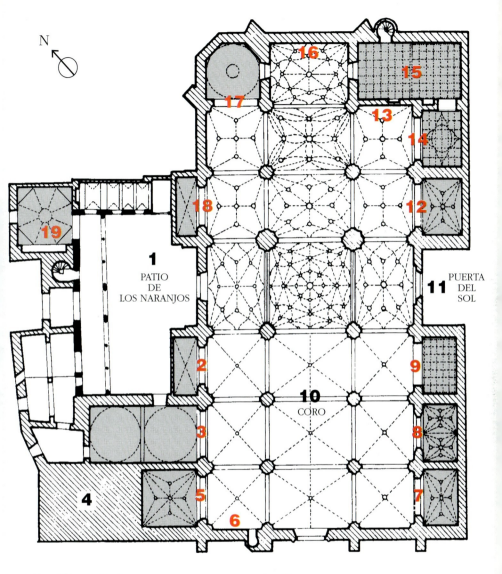

1.- PATIO DE LOS NARANJOS
2.- CAPILLA DE NUESTRA SEÑORA DE BELEN
3.- SAGRARIO. CAPILLA SACRAMENTAL
4.- TORRE CAMPANARIO
5.- CAPILLA BAUTISMAL
6.- SAN CRISTOBAL
7.- CAPILLA DE LA ENCARNACION, (ANTIGUA DEL NACIMIENTO)
8.- CAPILLA DE LA VIRGEN DE LA PAZ, (LA PRESTAMERA)
9.- CAPILLA DEL SAGRADO CORAZON
10.- CORO
11.- PUERTA DEL SOL
12.- CAPILLA DE SAN BARTOLOME Y SAN JOSE
13.- RETABLO DE LA VIRGEN DE LA ANTIGUA
14.- ANTESACRISTIA
15.- SACRISTIA
16.- PRESBITERIO. ALTAR MAYOR
17.- CAMARIN DE LA VIRGEN DE GRACIA
18.- CAPILLA CRISTO DE LOS MARTIRIOS (ANTES DEL DULCE NOMBRE DE JESUS)
19.- CAPILLA DE LOS APOSTOLES

PLANTA DE LA IGLESIA PRIORAL DE SANTA MARIA

Patio de los Naranjos. Iglesia de santa María.
Foto de E. R. C. Dubois.

mientras el existente en el patio de los naranjos quedó inconcluso, el de los pies tendría que esperar a las reformas de 1857 para adquirir el aspecto neogótico de tiempos presentes, tan semejante a las portaditas gemelas del presbiterio alto.

En este último recinto se alza el retablo principal, pieza de singular importancia, puesto que se trata de una de las composiciones escultóricas capitales en la plástica andaluza del siglo XVI. Dispuesto en un sólo plano, sus elementos tectónicos y decorativos son ya claramente platerescos. No en vano, los balaustres de los pisos superiores y las columnas -de fustes cubiertos por densa vegetación- de la mitad inferior, alternan con una amplia gama de motivos ornamentales característicos del estilo. A modo de contraste, el banco presenta evidentes recuerdos medievales, igual que el frontal cerámico de hacia 1575, donde se mezclan los azulejos de tipo pisano con los de arista. Consta de cinco calles con cuatro cuerpos, ático y baldaquino. Se concibió para albergar relieves de imaginería repartidos entre casetones rectangulares adintelados y rematados por medios puntos. En ellos se narran escenas biográficas de Jesús y María, que en calidad de titular del templo acapara la calle central. Por su parte, los resaltes de la *predella* se reservan a los padres de la iglesia. Se sabe que lo empezó Nufro de Ortega en 1559. A este maestro casi desconocido debe corresponder su estructura, posiblemente diseñada por Juan Bautista Vázquez el viejo, quien realizó desde 1563 a 1565 las historias

de abajo y, en especial, la maternidad. El resto puede considerarse obra de su taller. Luego, a partir de 1564 y hasta 1569, Pedro Villegas, Antonio de Arfián, Juan de Zamora, Pedro de Campos, Gonzalo Vázquez, Andrés Ramírez y Antonio Rodríguez trabajaron en el dorado y policromado. Una reforma del siglo XVIII lo dotó del excelente tabernáculo actual, de análoga cronología a los ciriales de plata de ambos costados del altar y a los leones que los sujetan, tallados en madera en 1759 con destino al montaje efímero de la jura de Carlos tercero como rey de España. Cierran la capilla mayor un barandal y púlpitos de hierro, forjados por Pedro Fernández en 1662. Un candelabro y un par de lámparas argénteas de comienzos del siglo XVII, además de otra con los punzones de Palomino y Sánchez, conocidos plateros sevillanos de los albores del siglo XIX, completan el conjunto, en unión de las laudas sepulcrales de algunas familias ilustres de Carmona: los Adalid, los Barba, los Berrugo, los Romera, los Rueda, los Tamariz, los Turmo.

En el testero del evangelio se halla el primitivo sagrario, dedicado desde la desamortización de Mendizábal a la patrona de la ciudad: la virgen de Gracia, que entronizada en su barroco baldaquino procesional de plata, aparece en el camarín principal de un retablo neoclásico, revestida desde el siglo XVI con ricos trajes de corte al gusto de la época y adornada con suntuosos rostrillos de brillantes, esmeraldas o amatistas, acordes con los tonos litúrgicos del atuendo, con corona de Armenta, media luna, cetro y ráfagas decimonónicas. Sin embargo, pese a las adaptaciones posteriores, esta escultura medieval conserva casi incólume su primitiva iconografía: el trono de majestad, y los tonos dorados de la policromía. Cuantos historiadores la han estudiado convienen en fecharla hacia 1300, mientras que la imagen de Jesús parece próxima al reinado de Isabel y Fernando. En el muro norte de la capilla está la lápida de los marqueses de las Torres de la *Préssa*, y al pie de las gradas la de F. Carrión Mejías. De los muros de la capilla cuelgan seis lámparas argénteas, una fechada en 1698, dos de principios del siglo XIX, con punzones de Sevilla y Palomino, la cuarta del siglo XVIII y las otras dos de fines de la propia centuria. Fuera, en el lugar antaño ocupado por el tabernáculo de san Juan Nepomuceno, ahora en el Salvador, se venera un crucifijo trecentista de tamaño académico: el señor de los Desamparados, perteneciente a la parroquial de san Salvador. Encima, una Asunción del granadino Bocanegra de 1665 y, a continuación, la capilla del cristo de los Martirios, antes llamada del dulce nombre de Jesús, según indica la reja abalaustrada de 1537 que la cierra. No menos interés presenta el altar de arcosolio que la preside, donde se desarrollan historias de la pasión en relieve, centradas por la escultura de bulto del redentor muerto en la cruz entre la dolorosa y el evangelista en sendos nichos avenerados. El

padre eterno -en el tímpano del frontón-, dos profetas, ángeles y los santos Roque y Onofre, son las restantes imágenes del conjunto. Su anónimo autor, de indudable formación flamenca, se ha identificado con Miguel Perrín. No obstante, fundadas sospechas apuntan en favor de su compatriota Roque de Balduque, activo en Sevilla a mediados del siglo XVI. Aquí también es preciso destacar una lámpara de plata, fechada en 1797, la memoria sepulcral de Carlota y Dolores de Quintanilla y Briones, además de un lienzo con la huida a Egipto, de fines del siglo XVII, firmado por José García.

Luego se encuentra el cancel septentrional, tallado por Domingo Carballido en 1776 en precio de tres mil ducados. A su alrededor cuelgan: un crucificado, copia del siglo XIX de Rubens, un *ecce homo* de idéntica cronología, y una virgen de Gracia de tiempos de Felipe quinto, los dos últimos provistos de excelentes marcos barrocos, dorados y policromados. Enseguida, una buena reja de fines del siglo XVI da acceso a la antigua capilla de nuestra señora de Belén. En el camarín-vitrina de un tabernáculo tardorrococó, se encuentra la imagen de vestir de la Asunción o virgen de los Reyes, titular de la parroquia, rodeada por los santos Isidro labrador y Francisco Javier en los repisones laterales, el arcángel Rafael del ático, las pinturas del niño Jesús, la Magdalena, santa Teresa en su trasverberación, san Antonio de Padua y san Ramón nonato en el banco; sin contar los cuatro ángeles: san Miguel, dos turiferarios y el de la guarda, de encima de la mesa. Sobre la vitrina, las alegorías de la oración, la vida contemplativa y la penitencia. En la misma capilla, una maternidad con marco de rocallas y una santa Rita.

Después está el sagrario, presidido por el retablo concertado el 12 de marzo de 1724 con Tomás Guisado ante Juan Arcadio de Santiago, escribano público de Carmona. En la actualidad lo ocupa una santa Bárbara próxima al estilo de Miguel Franco y una Purísima de la segunda mitad del mismo siglo, inspirada en la de Hita del Castillo para la sacramental hispalense de santa Catalina. En las repisas laterales una Magdalena y un santo Tomás de Aquino del siglo XVIII. Exornan el recinto varios cuadros con la Inmaculada, la anunciación, la visitación, la huida a Egipto, la Piedad y el Salvador, así como cuatro lámparas argénteas: una de comienzos del siglo XVII, otra de 1800, obra del tándem Gargallo-García, y las dos restantes igualmente del siglo XIX.

En el baptisterio, levantado al parecer en 1502 sobre la futura cripta de Andrés Martín Castellanos y sus descendientes, se guarda una interesante cajonera del siglo XVII y, en especial, el tríptico de santa Marina, san Andrés y la patrona de los artilleros, uno de los más cumplidos ejemplos del primitivismo pictórico sevillano. En cambio

los óleos con el sacrificio de Isaac y la oración en el huerto se deben, pese a su barroquismo, a autores contemporáneos, a diferencia de la virgen de Belén, que es barroca tardía, aunque muy restaurada. Completan el conjunto seis blandones del siglo XVIII pertenecientes al aparato del *corpus* y dos espejos holandeses.

En medio de la nave principal se halla el coro exento, cerrado por una verja de mucha prestancia. Mayor interés artístico poseen, sin duda, el facistol y sobre todo la elegante sillería anónima de 1706 con relieves del Salvador y su madre, el ángel de la guarda, los desposorios místicos y los santos: Andrés, Antonio de Padua, Bárbara, Bartolomé, Catalina, Esteban, Isidoro, José, Juan bautista, el evangelista, Judas Tadeo, la Magdalena, Marcos, Marina, Martín, Mateo, Pablo, Pedro, Roque, Santiago el menor, Sebastián, Simón, Teodomiro y Teresa. En cada cara de su perímetro se habilitaron altares con sus correspondientes criptas. Los laterales, bajo los arcos de descarga de los muros, cuentan con espacio propio a modo de capillas. El de la

Cristo de los Desamparados.
Iglesia de santa María.

Cristo de los Martirios.
Iglesia de santa María.

epístola parece el más antiguo. Data de 1598, según se indica en el paño cerámico de su mesa, con un san Francisco de Paula. Perteneció a Bartolomé López y está dedicado a nuestra señora del Rosario, representada sobre lienzo, con suntuoso marco, ambas piezas de fines del siglo XVII. Conviene aclarar que estamos ante un cuadro devocional, donde se representa con fidelidad a la virgen del Rosario de san Pablo el real en Sevilla. Fuera se conserva un mural con san Roque muy intervenido en el siglo XVIII.

Coetánea es también la fundación del existente en el trascoro, el cual aparece escoltado por las pinturas decimonónicas de la dolorosa y del discípulo amado. Lo costeó el jurado Pedro Rodríguez del Olmo, si bien durante la guerra de sucesión se le añadió la divina Pastora del ático, inspirada en las de Alonso Miguel de Tovar, en prueba de la cálida acogida que obtuvieron las predicaciones de fray Isidoro de Sevilla en Carmona. En cambio, a la fecha fundacional corresponde el políptico del príncipe de los apóstoles. En él se narran cin-

Retablo de santa Marina. Capilla bautismal. Iglesia de santa María.

Sillería del coro.
Iglesia de santa María.

co historias de su vida: las lágrimas ante Cristo flagelado, la primacía, el Tiberíades, la prisión y el martirio. Por el carácter popular y arcaizante de sus rasgos estéticos y estilísticos, de cierto sabor colonial, se ha puesto en relación con Juan Bautista de Amiens.

Algo posterior, en 1601, se fecha el del evangelio. Se construyó para el vicario y juez comisario del santo oficio en Carmona, el licenciado Martín Juan Martínez Cárdeno y Carvallar, quien lo consagró a la Concepción Inmaculada, cuya efigie se muestra tanto en la frontalera de azulejos, en esta ocasión orlada por las mariologías, cuanto en la tabla central del retablo plateresco, donde se desarrolla la alegoría de los tallos y los lirios con la aportación iconográfica de la titular coronada por ángeles ante las miradas del padre eterno y del espíritu santo. También firmó Amiens en dicho año las secundarias: el arcángel san Gabriel, san Martín, san Juan evangelista y el posible retrato del donante. Fuera, un fresco con san Sebastián completa el conjunto.

En lugar inmediato a la puerta principal una copia del siglo XVIII del san Cristóbal existente en la catedral sevillana, con rico marco salomónico de igual cronología, nos recuerda la raíz clásica de esta devoción, pues en los templos dedicados a la divina Juno había siempre una figura colosal de Hércules. Con el cristianismo esa costumbre pasó a los santuarios marianos encarnada en el portador de Cristo. A sus plantas veremos una escultura manierista de san Antonio abad, repolicromada.

Pasado el cancel de poniente y haciendo pareja con el anterior se ubica, junto a tres lienzos tardobarrocos (la Purísima, la multiplicación de los panes y de los peces y la oración en el huerto), un tabernáculo de líneas muy pesadas, realizado en torno a 1720, con un san Francisco de Borja de vestir entre los santos Lorenzo y Sebastián bajo uno de los mártires del Japón.

A continuación, una reja de fines del siglo XVI indica el tránsito a la capilla denominada en su origen del nacimiento y luego de la Encarnación. Se construyó para entierro de las familias Caro y Barreda, según consta en lápida de 1507. En ella hay un par de retablos, de los cuales sobresale el concertado con Gaspar del Águila el 26 de febrero de 1580, pese a la pérdida de su imaginería primitiva y a la ampliación de 1649 con objeto de instalar en él la pequeña efigie mariana. En la actualidad lo integran, además, nueve tablas: la epifanía -en el banco-, los bienaventurados Antonio de Padua, Miguel Roque y Sebastián -en el primer cuerpo-, el bautista, santo Domingo de Guzmán a los lados del nacimiento -en el segundo-, y el padre eterno -en el ático-. Todas ellas corresponden a la época de la reforma, pudiendo relacionarse con Juan del Castillo, el maestro de Murillo. En el otro, neoclásico, santa Lutgarda y el príncipe de los ángeles, mientras el nicho del muro derecho se reserva para el beato Juan Grande.

Enseguida encontramos la capilla de la virgen de la Paz, más conocida por la prestamera, con altar de las postrimerías del siglo XVIII, presidido por el simulacro de la titular, de evidentes influjos quinientistas, escoltada por el precursor y san Buenaventura, bajo una cartela con la Asunción. Completan el conjunto las losas sepulcrales de Francisco Antonio de Rueda y Vilches, de 1754, y la de su antepasado, el protonotario y arcediano de Carmona en la catedral de Sevilla, Juan de Vilches, de 1517, con escudos y leyendas en caracteres góticos. Allí también, un san Felipe del siglo XVIII, cuatro pinturas, dos de ellas del siglo XVII (la conversión de san Pablo y la misa de san Gregorio, con buen marco); las restantes, recientes, con las ánimas benditas y el Cachorro, este último firmado por José Arpa en 1942.

A su lado abre la capilla del sagrado corazón, donde se conservan dos tabernáculos. El frontero, de estípites, data de mediados del siglo XVIII y consta que su dorado se demoró hasta 1780. En su camarín, antaño dedicado a la Purísima del sagrario, se aloja un Jesús, de Olot, con la radiante víscera en el pecho sobre tres bustos: un *ecce homo* y los relicarios de los santos Cayo y Amancio, del siglo XVII. El izquierdo, de igual cronología que su compañero, cobija una virgen del Carmen coetánea. Enfrente cuelga el san Ignacio en la cueva de Manresa ejecutado, al parecer, por Juan del Castillo entre 1634 y 1637, con destino al extinto colegio jesuítico de san Teodomiro. Fuera, en el muro de la nave, se contempla otro lienzo tardobarroco, con santa Teresa de Jesús; y pasado el cancel meridional, el de la Inmaculada, también atribuida al maestro de Murillo.

Una reja de forja, labrada en 1540 por Pedro Ramírez según proyecto de Martín de Gaínza, cierra la capilla de san José. En su interior guarda el no menos interesante retablo de san Bartolomé, en el cual las pinturas corresponden a Pedro de Campaña, hacia 1545, que fueron restauradas en 1960 por Isaías Cañaveral. Su iconografía es la siguiente: en el banco, la Piedad, escoltada por los bienaventurados Jerónimo, Atanasio, Marta y Catalina de Alejandría; en el primer cuerpo, el evangelizador de la India y Arabia y la escena de su martirio, centrados por una pequeña hornacina con la estatuilla de san José, quizás relacionable con el quehacer artístico de Manuel García de Santiago; en el segundo cuerpo la asunción, san Andrés y el bautista; en el ático la Trinidad; en la mesa del altar un cristo pequeño del siglo XVII. Allí mismo se venera el políptico de santo Tomás, traído de la expresada casa de la compañía, en cuya iglesia los marqueses del Saltillo tuvieron su entierro. Montado desde 1765 en rico marco de rocallas, narra siete historias del apóstol; tres a cada lado y en medio el pasaje de la incredulidad. Estética y estilísticamente parece

obra sevillana de los albores del siglo XVI, influida por el maestro Juan Sánchez de Castro, fundador de dicha escuela. En el testero, el apostolado de Zurbarán. Cuatro lámparas de plata, una de ellas de 1800 con la marca de Palomino y las restantes de fines del siglo XVIII, completan el conjunto.

En la cabecera de la epístola, un retablo, terminado de dorar en el año 1760, a pesar de sus características salomónicas, próximas a las reiteradas por Cristóbal de Guadix en las primeras décadas del siglo XVIII, sirve de trono a un óleo sobre tabla de tiempos de los reyes católicos, con una réplica de la virgen de la Antigua venerada en la catedral hispalense, la cual incluye en su tercio inferior la figura de un dominico orante, las armas de los Quintanilla, y arriba la ampliación de la filacteria, con la idea de introducir el siguiente texto: ECCE MARIA VENIT AD TEMPLUM CUM PUERO IHESU CUIUS INGRESSO SANTUARIUM EST OMNIS TERRA. Por su parte, las calles laterales están ocupadas por sendas imágenes tardobarrocas de Pedro y Pablo, mientras el camarín

Retablo de san Bartolomé.
Capilla de san José.
Iglesia de santa María.

Políptico de santo Tomás.
Capilla de san José.
Iglesia de santa María.

superior se reserva a san Teodomiro mártir, identificable con el labrado, entre 1655 y 1656, en setecientos reales de vellón «por uno de los mejores escultores de Sevilla», quizás para sustituir al de Gaspar del Águila en 1595, fecha aproximada a la que asimismo corresponden los azulejos de cuenca de la frontalera. En la puerta del sagrario un lienzo del siglo XVIII con san Cayetano. Además, ante el altar, un portacirial relacionado con el entallador Juan de Oviedo y con el pintor Alvaro de Ovalle.

En la antesacristía se conserva el calvario compuesto por el cristo de la Misericordia, la dolorosa y el evangelista, tallas de sumo interés artístico, puesto que se relacionan con la producción de Lorenzo de Mercadante de Bretaña o la de su discípulo Pedro Millán. Allí también un lienzo granadino del siglo XVII con Cristo muerto en la cruz, el relieve con la Inmaculada Concepción, ejecutado por Pedro Duque Cornejo en 1719 para el manifestador del retablo mayor de los jesuitas, y una lámpara de 1724. Una puerta de

Bóveda de la antesacristía.
Iglesia de santa María.

Retablo de la virgen de la Antigua.
Iglesia de santa María.

cuarterones, del reinado de Felipe IV, comunica con la sacristía. Traspasado su umbral, nos topamos con una importante colección de cuadros y esculturas, aparte claro está de los útiles habituales en semejante dependencia parroquial: una pila de mármol blanco con su alicatado de arista, fechable en las postrimerías del siglo XVI, una cajonera del siglo XVII, cuatro espejos con sus correspondientes molduras de estilo rococó, labradas en torno a 1780, y una sacra cinco años anterior. Entre las esculturas es preciso destacar un calvario manierista y dos crucifijos: uno premontanesino, otro de 1620. Entre las pinturas, una tabla anónima de tiempos de Carlos I con la santa cena y nueve lienzos de los cuales tres son barrocos: un par de vírgenes con el niño, la mayor de hacia 1650, y un bautista de fines de la propia centuria; otros tantos tardobarrocos: el juicio de Salomón, un Cristo yacente y san Francisco de Paula; dos copias de Rubens y Sassoferrato con la Asunción y la maternidad, más una coronación de espinas a lo Van Dyck del decimonónico Manuel Quesada Vázquez.

En la sala primera del tesoro hay nueve ternos bordados en oro, más la túnica dieciochesca del cautivo de Belén; una virgen madre, de nuevo calcada de Sassoferrato; una pareja de dolorosas, del siglo XVII y del XVIII, esta última emparejada con un *ecce homo* de idéntico tamaño y cronología; dos niños y tres crucificados del siglo XVII, de marfil, más otros tantos del siglo XVIII, hispano-filipinos; más uno de pino, una virgen de los Dolores de urna, coetánea, y el nacimiento realizado por Bonilla en 1795 en terracota policromada.

La sala segunda está dedicada por entero a la orfebrería. De ella es preciso reseñar antes que nada las cubiertas de evangelios ejecutadas en plata sobredorada con la adición de esmaltes translúcidos de Limoges: dos romboidales con el calvario y el pantocrátor, rodeados respectivamente por cuatro circulares con el tetramorfos, nuestra señora, san Juan y una pareja de ángeles turiferarios. Desde el punto de vista iconográfico recuerdan las elegantes composiciones de la escuela sienesa, circunstancia ésta que unida a la presencia de hojas de encina junto a bellotas en el repujado permite fecharlas hacia 1400. De un siglo posterior hay que considerar el pie de cáliz cuyo recipiente es de factura moderna, el relicario y el portapaz con las efigies de Jesús flagelado y san Sebastián, enmarcados por tracerías, esmaltes y pedrería, donados por un arcediano de Carmona llamado Juan. Y ya del primer tercio del siglo XVI un cáliz de base redonda con gallones planos, el anagrama de Cristo y tallos vegetales en la sucopa.

Por su parte el estilo plateresco queda representado solamente por un cáliz y dos crismeras. En ellos se aprecian todos los rasgos decorativos de la nueva estética italianizante. Como cosa curiosa diremos que el primero presenta una cartela con el número 14.935 y las segundas las figuras de los evangelistas y de los profetas.

En cambio del manierismo se cuenta con mayor porción de piezas. Entre las anónimas conviene destacar, además del astil de un cáliz con peana y copa del siglo XIX, cuatro candeleros, un portapaz dorado, de 1580 aproximadamente, con la imagen de la Asunción, una naveta del último cuarto de siglo y un hostiario de idéntica cronología. Entre las marcadas observamos un jarro con el punzón de Juan Pereda; dos cálices: uno de Cárdenas, otro de Cárdenas-Luna; y especialmente las salidas del taller de Francisco de Alfaro, de las cuales conviene señalar: una pareja de ciriales atribuidos, un ostensorio de 1580 con los evangelistas en el pie, las virtudes en la manzana y las sibilas en el receptáculo de la forma, una naveta con mascarón de proa, de igual fecha, y plan de altar, cuatro años posterior, con delfines atlantes, seis apóstoles y varios personajes alegóricos en cada blandón. Pero sin duda, lo mejor de cuanto se expone es la custodia procesional del *corpus*. Labrada desde 1579 a 1584, como sus hermanas las de Écija y Marchena consta de tres cuerpos le-

Cubiertas de evangelios.

Portapaz del arcediano Juan.

vantados encima de un alto podio cincelado con Moisés en el monte Horeb, el traslado del arca de la alianza, la recogida del maná y las bodas de Caná. En el primer cuerpo, jónico, pensado para entronizar a la majestad divina, se muestran las figuras de Moisés, David, Jeremías e Isaías en los intercolumnios y los santos Agustín de Hipona, Ambrosio, Jerónimo y Gregorio magno, alternados con Mateo, Marcos, Lucas y Juan sobre los frontones de los pórticos achaflanados de las esquinas. En el segundo cuerpo, de orden corintio, se alberga la escena del sacrificio de Isaac y en el basamento la santa cena, la oración en el huerto, el prendimiento y la calle de la amargura. Y en el tercero, del mismo orden, aunque con estrías helicoidales, el precursor coronando el chapitel gallonado que lo remata.

A los albores del siglo XVII corresponden ya un templete abalustrado para manifestar el santísimo en su visita a los enfermos, una custodia de tipo sol, dos cálices, un aguamanil con el punzón de Juan de Heredia, un copón, el astil y la base de un ostensorio de metal dorado, más los zapatos y una corona del niño de nuestra señora de Gracia. Por su parte, al primer tercio de siglo se vinculan el nudo y el resplandor del hostiario ejecutado en 1580 por Francisco de Alfaro, un jarro con gallones y botones de esmalte, un par de pértigas, la manzana de una cruz, tres cálices bañados en oro: el de las cartelas grabadas, el de esmaltes -donado por María de Escamilla a su capellán Esteban Caro Tamariz en 1623- y el de Bartolomé de la Peña, con motivos vegetales. Próximo a ellos en cronología y estética, se encuentra también un relicario fechado en 1638.

En cambio, un poco posteriores, quizás de mediados del siglo, parecen un acetre con gallones y cartelas de 1656, una concha bautismal, cuatro pértigas y otra menor, y una cruz sobredorada, traída de la parroquial del Salvador a la que falta el crucifijo, si bien conserva todavía un relieve de María con el niño en los brazos y las figuras de la Magdalena, san Jerónimo, san Marcos y san Juan evangelista. A fines del siglo XVII pertenecen un copón en forma de caja circular decorada con cintas planas, cedido por Isabel de la Milla en 1694; una pareja de portapaces con columnas salomónicas y la efigie de la Purísima escoltada por los mártires Bárbara y Sebastián; una demanda de la hermandad de las Ánimas, datada en 1691; y un relicario de 1687 formado por dos óvalos unidos por el escudo coronado del Carmelo, donde se contienen, al lado del retrato de santa Teresa, trozos de su corazón, de su carne, de una costilla, partículas de su sangre y algunos cabellos, en señal del aprecio que se sintió durante la contrarreforma por este tipo de cosas y, en especial, en España, por las procedentes de la doctora de Ávila, cuyo

cadáver se exhumó, se destrozó y se desperdigó por mil lugares, al intento de satisfacer las numerosas peticiones de comunidades religiosas, de asociaciones piadosas y de influyentes particulares.

Pasando al siglo XVIII, entre las piezas pertenecientes al periodo tardobarroco citaremos un par de bandejas doradas, una concha bautismal, cuatro lámparas, la peana añadida a la custodia procesional de Francisco de Alfaro, dos cruces, la primera sin la manzana, que es anterior a 1630, con leyenda en el vástago: SIENDO MAYORDOMO CRISTOBAL DE ORTEGA REGIDOR JUAN RUIZ, y la segunda de mediados del siglo; otros tantos cálices, bien decorados con líneas ondulantes, bien con querubes e instrumentos de la pasión, y una pareja de atriles repujados por el carmonense Antonio Luna en 1730.

Dentro de la estética rococó cabe mencionar en calidad de anónimas las siguientes obras: dos portaviáticos, el de plata -de 1756- pertenece a la cofradía del santísimo de san Salvador, y el que adopta forma de pelícano; unos ciriales muy tectónicos del tercer cuarto de la centuria; dos copones: el argénteo con emblemas eucarísticos haciendo juego con un cáliz y otro bañado en oro de 1781, traído de Santiago, a donde fue donado por su beneficiado Diego Fernández y Medrano; un viril de 1780 cuajado de brillantes; dos coronas y la media luna de la patrona; y un cáliz con motivos sacramentales y pasionistas.

En cuanto a las obras marcadas, corresponden al taller del sevillano José Alexandre unas sacras cinceladas; al cordobés Aranda el relicario de san Juan Nepomuceno con apliques dorados; al de José Adrián Camacho la mitra del propio bienaventurado, labrada en 1782, un hostiario, un portaviático, dos portapaces con la Purísima y san Teodomiro, un relicario de 1788 dedicado al *lignum crucis*, aparte la monumental corona que remata el antiguo altar de las octavas del *corpus*, ahora en parte usado para las novenas de la virgen de Gracia; al de Cárdenas una bandeja, una cruz parroquial en colaboración con Alexandre, de 1772, el guión sacramental con la Asunción y el cordero místico en sendos medallones, y una jarra; al de Gámiz un portaviático; al de García con Guzmán, una cruz sobredorada, con Cuevas una custodia más un cáliz y una campanilla; al de Vicente Gargallo el trono de su divina majestad del referido altar portátil y las ráfagas de diario, el cetro y las coronas de la patrona y su niño; al de Juan Ruiz dos portapaces venidos del Salvador, a donde los regaló su beneficiado Juan José Mejía en 1798, una palmatoria del mismo año y un relicario de fines de la centuria con el nombre de Juan.

Entre las obras anónimas del siglo XIX mencionaremos una

bandeja, cuatro cálices, una pareja de candelabros, un copón de metal plateado, un hisopo, un cuchillo de 1.º DE JUNIO DE 1803, así como dos relicarios. Entre los objetos marcados, pertenecen al taller de Flores tres cálices, un par de ellos con la intervención de González y de Espiau; al de González otros tantos cálices, junto a un copón, todos ellos fruto de su habitual relación laboral con el de Flores; y al de Guzmán un ostensorio. Al de Palomino un plan de altar formado por cuatro candeleros con una columna estriada, más un copón dorado también de estilo imperio; y ya a los de Rojas, P. Salas y Vega, sendos copones neoclásicos. Procedentes de obradores cordobeses y dentro de la propia estética hallamos otras tres piezas: una custodia y un par de cálices, ejecutados respectivamente por A. Ruiz, Sánchez-Arias y Lorenzo Ximénez.

Por último cabe mencionar la espada de san Francisco de Borja, donada entre los años de 1622 y 1625 al colegio de san Teodomiro por el regidor y alguacil mayor de Carmona, Juan Barrientos Villafuerte. Tras las expulsión de los regulares de la Compañía, en 1767, pasó a esta prioral.

Hotel Alcázar de la Reina, Plaza de los Lasso, núm. 2. 88 [9-C].

INDICE ALFABETICO

Este índice recoge la mayoría de los nombres de personas y de lugares expresados en el texto, relacionados con el patrimonio monumental y la historia del urbanismo de Carmona. No se incluyen los papas, monarcas o santos, salvo san Teodomiro o el beato Juan Grande, así como la virgen de Gracia, éstos, por la especial significación que han tenido en determinados aspectos de la historia de esta ciudad.

Los términos relacionados aparecen seguidos de las cifras correspondientes a la página donde se citan, según diversa tipografía: en **negrita**, el número y las coordenadas que se utilizan en el plano encartado para la localización de los puntos descritos; en *cursiva*, las páginas límite del texto donde se describe el monumento concreto, y en redonda, las referencias al mismo punto en otras partes del texto.

En muchos casos, las calles aparecen en la obra según la denominación antigua, sin que en el mismo texto se indique su equivalencia a la actual. Para facilitar el uso de este libro, se expresa a continuación una relación con los nombres antiguos de las calles y los actuales:

Nombre antiguo	**Nombre actual**
Calle Cal de Parras	Calle Parras
Calle de Oficiales	Calle Prim
Calle del Caño	Calle Beato Juan Grande
Calle del Conde de Rodezno	Calle Aposentos
Calle del Palomar	Calle Ramón y Cajal
Calle de la Cárcel, luego Juan Cabra	Calle Antonio Quintanilla
Calle de la Iglesia Mayor	Calle Carlota Quintanilla
Calle de la Orden	Calle santa María de Gracia
Calle de las Peñuelas	Calle General Chinchilla
Calle de las Vendederas	Calle Martín López
Portería de santa Clara	Torno de santa Clara

Abadía, Dionisia, 59
Acevedo Fariñas, Andrés, 44, 58, 116, 175, 176
Acevedo Fariñas, José, 44, 58
Acosta Cayetano de, 98
Acosta, Francisco de, 60
Adalid (familia), 217
Aguila, Gaspar del, 76, 222, 225
Alameda de Alfonso XIII, **4 [6-F]**, 20, 37, 45-46, 49, 51, *70*
Alcaide, Joaquín, 47
Alcázar Real. *Véase:* Alcázar de Arriba.
Alcázar de Abajo. *Véase:* Alcázar de la Puerta de Sevilla.
Alcázar de Arriba, 32, 35, 39, 43, 52, 53, **65 [11-E]**, *178-180*
- cubete, 39, 179
- Mazmorra, 180
- nave de los Azulejos, 180
- patio de armas, 179
- patio de la Fuente, 180
- puerta de la Piedad, 180
- salón de los Balcones, 180
- torre de la Banda, 180
- torre de la Piedad, 180
- torre del Homenaje, 180
- torre de la Pólvora, 180
- torre de los Aljibes, 180
- torre del Trono, 180
Alcázar de la Puerta de Sevilla, **28 [6-E]**, *111-112*
- salón de los Presos, 112
- torre del Oro, 112
Alcázar de la Reina, 39, 173
Aleu, Roberto, 51
Alexandre, José, 230
Alfaro, Francisco de, 41, 68, 227, 228, 230
Alfaro, Isabel de, 74
Al-Himyari, 35, 36
Almaraz, cardenal, 161
Almargen (Málaga), 98
Almendral, 53, 78
Alonso Arroyo, Gil, 93
Alvarez, José, 176
Allen Memorial Art Museum, 69
Amiens, Juan Bautista de, 222

Andino, Gonzalo de, 39, 126
Andújar, Martín de, 64
Anfiteatro romano, **10 [2-D]**, 32, 36, 53, *91-92*
Angostillo, 53
Arbollón, 194
Arce, José de, 63
Arco de Felipe segundo, 47, 112, 113
Arco de la Carne, 112, 114
Archivo Municipal, 40
Arellano, Juan Bautista, 41
Arfián, Antonio de, 217
Armenta, 217
Arpa Perea, José, 78, 144, 223
Arrabal de san Pedro, 37, 47, 51, 78, 112, 195
Asilo de niñas huérfanas Coronación de espinas, 195
Astorga, Juan de, 60
Atarazana, 35
Atienza, José María, 50
Audiencia, 46, 140
Ayuntamiento, **43 [9-D]**, 31, *143-147*, 155, 170

Baeza el Viejo, Cristóbal de, 72
Balduque, Roque de, 60, 116, 219
Ballesteros, Francisco de, 176, 177
Baños públicos, 35
Barahona de Soto, hermanos, 208
Barbacana, 35
Barbacana Alta, 107
Barbacana Baja, 107
Barba (familia), 217
Barranco del Trasquiladero, 179
Barreda (familia), 222
Barrera, Juan de la, 126
Barrientos Villafuerte, Juan, 231
Barrio de la Guita, 53
Beato Juan Grande, 61, 67, 95, 135, 209, 223
Becerra, Gaspar, 171
Benítez, Francisco, 72, 186
Berraquero, Alfonso, 60
Berrugo Cansino, Juan, 145
Berrugo (familia), 217
Besteiro, Julian, 186
Blanco, Juan Antonio, 198
Bocanegra, 217
Bodeguilla, 107
Bonet Correa, 70
Bonsor, George Edward, 81 (*avenida*), 82, 91, 92, 113, 147
Bordás Hinestrosa, Juan, 120
Bramante, 150
Briones Quintanilla, Antonio de, 188
Briones Quintanilla, Lázaro de, 42
Brisuelas y Vixil, Rodrigo, 165

Bruma, 147
Brunenque, Matías, 177
Buiza Fernández, Francisco, 98, 176

Caatroverde, Inés de, 72
Cabrera, Violeta de, 118
Calendario litúrgico, 35, 209
Calera de Benítez, barriada, 53
Calzada romana 172
Calle Aguditas, 95
Calle Ancha, 160
Calle Antonio Quintanilla, 125
Calle Cal de Parras, 38
Calle Calatrava, 173
Calle Carlota Quintanilla, 192
Calle Carpinteros, 95, 96
Calle Diego Navarro, 96, 103
Calle Dolores Quintanilla, 173, 194
Calle Domínguez de la Haza, 123, 154
Calle Elio Antonio, 125
Calle Fernán Caballero, 125
Calle Fernando de la Barrera, 191
Calle Flamencos, 155, 156
Calle Fuenteviñas, 95
Calle Juan Cabra, 125
Calle Juan Carrera, 124
Calle Juan de Lugo, 36
Calle Lagares, 43
Calle Luis de Rueda, 178
Calle Madre de Dios, 126, 142
Calle Martín López, 143, 191, 192, 193
Calle Ramón y Cajal, 189
Calle Real, 53
Calle Sacramento, 42, 145, 154
Calle Sancho Ibáñez, 124
Calle Sevilla, 37, 51, 81
Calle Sol, 190
Calle Tinajería, 95
Calle Vidal, 78
Calle Vírgenes, 103
Calle de la Cárcel, 125
Calle de la Fuente, 70
Calle de la Iglesia Mayor, 43
Calle de la Orden , 195
Calle de la Portería de santa Clara, 43
Calle de la Viga, 160
Calle de las Peñuelas, 165
Calle de las Siete Revueltas, 35
Calle de las Vendederas, 38, 145
Calle de Oficiales, 38, 43, 141, 147
Calle de san Ildefonso, 52, 190
Calle de san Pedro, 43, 51, 53
Calle del Aire, 125
Calle del Caño, 95
Calle del Conde de Rodezno, 144, 145

Calle del Cristo de la Sedía, 102
Calle del General Freire, 180
Calle del Palomar, 43
Calle del Salvador, 42, 145
Calle san Felipe, 159, 163
Calle san Francisco, 95
Calle sor Angela de la Cruz, 165
Callejón de la Bohiguilla, 106
Callejón de los Toros, 126, 134
Camacho, José Adrián, 119, 178, 230
Camacho, Juana, 205
Camino del Quemadero, 81, 94
Campaña, Pedro de, 223
Campo Real, 82
Campo de Juan Manta, 81
Campo de las Canteras 31, 81, 82
Campo de los Olivos, 31, 82
Campos, Pedro de, 217
Cano, Alonso, 156
Cansino, Alonso, 94
Cansino, Josefa, 129
Cansino, María, 128
Cantillana (Sevilla), 98, 148, 152
Cañaveral, Isaías, 223
Carballido, Domingo, 219
Cárcel, 40, 142
Cárdenas, Gabriel, 122
Cárdenas, Juan de, 122
Caro (familia), 222
Caro, Diego, 176
Caro, Elvira, 128, 130
Caro, Joaquín, 47
Caro, Juan, 187
Caro, Rodrigo, 40
Caro, Sancho, 187
Caro Tamariz, Esteban, 228
Caro y Briones, José, 210
Carrión Mejías, F., 217
Casa calle Ancha, núm. 12, **52 [9-F]**, *160*
Casa calle Ancha núm. 30, **53 [9-F]**, *160*
Casa calle Antonio Quintanilla, núm. 3, **39 [8-C]**, *125*
Casa calle Carpinteros, núm. 18, **18 [6-D]**, *96*
Casa calle Dolores Quintanilla, núm. 1, **81 [10-C]**, *194-195*
Casa calle Domínguez de la Haza, núm. 1, **46 [9-E]**, *154*
Casa calle Elio Antonio, núms. 13 y 15, **38 [8-C]**, *125*
Casa calle Fernán Caballero, núm. 5, **40 [8-D]**, *125*
Casa calle Fernando de la Barrera, núm. 2, **75 [9-D]**, *191*
Casa calle Flamencos, núm. 3, **48 [8-E]**, *155-156*
Casa calle Juan Carrera, núms. 1 y 3, **36 [8-C]**, *124*
Casa calle Martín López, núm. 23, **76 [9-D]**, *191*
Casa calle Prim, núm. 30, **32 [7-D]**, *124*
Casa calle san Felipe, núm. 15, **50 [9-E]**, *159-160*
Casa calle Sancho Ibáñez, núm. 26, **33 [7-D]**, *123, 124*
Casa calle Tahona, núm. 8, **13 [4-D]**, *95*
Casa de Alonso Bernal Escamilla, **67 [11-D]**, *180*
Casa de don Diego de Zafra, **35 [7-C]**, *173*
Casa de las Aguas, **63 [11-C]**, *173*
Casa de las Niñas, **82 [11-C]**, *195*
Casa de los Aguilar, **78 [9-C]**, *42, 190, 193*
Casa de los Briones, **71 [10-D]**, *189*
Casa de los Caro, **34 [7-D]**, *124*
Casa de los Domínguez, **31 [7-E]**, *123*
Casa de los Flamencos, **49 [8-E]**, *156*
Casa de los Lasso, **80 [9-C]**, *194*
Casa de los Quintanilla, **74 [10-C]**, *190*
Casa de los Rueda, **77 [9-D]**, *192*
Casa de los Villa, **73 [10-D]**, *189-190*
Casa de san Andrés, **85 [10-C]**, *205*
Casa de san Blas, 103
Casa del Ave María, **37 [8-C]**, *124-125*
Casa del General Chinchilla, **55 [10-E]**, *165*
Casa del Tinte, **14 [4-D]**, *95*
Casa del barón de Gracia Real, **23 [9-B]**, *102*
Casa del marqués de san Martín, **72 [10-D]**, *189-190*
Casa del marqués del Saltillo, **24 [8-B]**, *103*
Casa Grande, **45 [10-D]**, *154*
Casa hospicio de san Jerónimo, **17 [6-D]**, *95-96*
Casa Plaza de las Descalzas, núm. 2, **79 [9-C]**, *193*
Casa Salada, **22 [9-B]**, *102*
Casa plazuela de la Romera, núm. 3, **5 [8-F]**, *160*
Caseta del casino de Carmona, **8 [2-F]**, *81*
Casino, 142
Castañeda y Bravo, José, 145
Castillo Lastrucci, 94
Castillo, Juan del, 134, 188, 222, 223
Cementerio, 36, 96
Cercado de Simón, 81
Cerezo, Bernardo Enrique, 51
Cervantes Saavedra, Miguel de, 147
Cervantes, cardenal, 191
Cilla nueva, **69 [10-D]**, *181*
Cilla primitiva, **68 [11-D]**, *181*
Colegio de san Teodomiro, 42 (*convento*), 46, 72, 97, 148, 150, 151, 164, 231

Coliseo, 43, 146
Convento de la Purísima Concepción, **5 [4-E]**, 52, *70-78*, 98, 188
- claustro, 77
- presbiterio, 73, 74
- retablo de la virgen de Gracia, 74
- retablo principal, 72
- sotocoro, 74, 75, 76
- tabernáculo del cristo de la Vera Cruz, 75

Convento de la santísima Trinidad. *Véase:* de las Descalzas.

Convento de las Descalzas, **86 [10-C]**, 42, *205-209*
- altar de la Compañía de Jesús, 206
- altar de la virgen de Guadalupe, 206
- altar de la visión de san Ignacio, 206
- claustro, 208
- coro, 205, 206
- iglesia, 205
- presbiterio, 205, 208
- retablo de la virgen de Gracia, 206
- retablo de santa Mónica, 206
- retablo mayor, 205, 208
- sacristía, 206-208
- sotocoro, 206
- tabernáculo de san Agustín, 206
- tabernáculo de santa Rita de Casia, 206
- tabernáculo del monumento pascual, 208

Convento de Madre de Dios, **41 [8-D]**, 38, 39, 46, 69, 77, 96, *125-135*,140, 141, 142, 148, 154, 188
- altar de santo Domingo de Guzmán, 129
- capilla mayor, 128
- claustro, 133
- cocina, 134
- coro, 126, 127, 129, 134
- cráticula, 129
- dormitorios, 134
- iglesia, 126
- locutorio, 134
  órgano, 130
- presbiterio, 127, 132
- refectorio, 134
- retablo de la virgen de Fátima, 129
- retablo de san Martín de Porres, 129
- retablo de san Vicente Ferrer, 129
- retablo de santa Catalina, 129
- retablo de santo Tomás de Aquino, 129
- sacristía, 128, 132-133
- sotocoro, 130, 132, 134
- tabernáculo de la Encarnación, 129
- tabernáculo del santísimo, 131
- torno, 134

Convento de san José, **70 [11-D]**, 42, 47, *185-189*
- altar del beato Juan de la Cruz, 186
- altar de la virgen de Guadalupe, 186
- sacristía, 186

Convento de san Sebastián, **12 [3-D]**, 37 (*ermita*), 45, 63, 74, *92-94*, 177
- altar mayor, 94
- capilla de VOT de san Francisco, 93, 94
- retablo de Jesús de Belén, 94
- tabernáculo de san Isidro, 94

Convento de santa Ana, **19 [8-A]**, 37 (*ermita*), 45, 47, 61, 72, *96-98*
- camarín de la virgen del Rosario, 97
- capilla del dulce nombre de Jesús, 96, 97, 98
- portería vieja, 97

Convento de santa Catalina de Siena. *Véase:* Plaza de Abastos.

Convento de santa Clara, **84 [10-C]**, 38, 41, 77, 194, *198-205*
- altar mayor, 200, 202
- compás, 43, 198, 200
- cráticula, 203
- claustro, 204
- mirador, 198
- refectorio, 204
- retablo de san Antonio de Padua, 201
- retablo de santa Clara de Asís, 204
- retablo de santa María del Valle, 203
- retablo del Calvario, 201
- tabernáculo de la virgen de Fátima, 203
- tabernáculo de san José, 203
- sacristía, 203-204
- sala capitular, 204
- sillería, 203
- sotocoro, 203
- vestíbulo, 205

Corpus Christi, 40-41
Costanilla Pozo Nuevo, 154
Costanilla de Telmo, 95
Costanilla del Guerra, 159
Criado, Antón, 126
Cruz, Matías de la, 94
Cubete. *Véase*: Alcázar de Arriba.
Cuesta de san Mateo, 165
Cueva de la Batida, 35
Cueva, Inés de la, 170
Custodia procesional, 227-229

Chamorro, Antonio, 210

Daza, Laureano, 81
Deza, fray Diego de, 162
Díaz de Palacios, Pedro, 210
Díaz, Diego Antonio, 58, 104, 205
Dos Hermanas (Sevilla), 186

Duque Cornejo, José Felipe, 119, 129
Duque Cornejo, Pedro, 152, 225

Echamorro, José, 45, 173, 181
Ermita de nuestra señora de la Antigua, 36, 37, 58
Ermita de san Antón, **7 [3-G]**, 37, 52, *78-81*
Ermita de san Mateo. *Véase*: Iglesia de san Mateo.
Ermita de san Roque, 37, 40, 187
Ermita de santa Lucía, **6 [1-H]**, 37, *78*
Ermita de santa María del Alcor, 92
Ermita de santa María del Real, 37, 71
Escalona, Juan de, 210
Escamilla Bazán, Juan de, 118
Escamilla, María de, 228
Escribano, sor Ana, 74
Eslava Rubio, Antonio, 94, 106
Eslava, Hilarión, 154
Espejo, Ignacio de, 151
Estación de ferrocarril, 53
Estrella de san Blas, 107

Fábrica de harinas, 50
Farfán, Diego, 126
Feria, real de la, 53
Fernán García, 162
Fernández Alemán, Jorge, 129
Fernández Angulo, 47
Fernández Chicarro y de Dios, Concepción, 91
Fernández Chinchilla, Francisco, 38
Fernández Gómez, Fernando, 91
Fernández López, Juan, 81, 82, 91
Fernández Zapata, Josefa Narcisa, 195
Fernández del Castillo, Felipe, 206
Fernández y Medrano, Diego, 230
Fernández, José, 165
Fernández, Pedro, 176, 217
Ferrocarril, 50
Figueroa, Ambrosio de, 58
Figueroa, Antonio Matias, 58, 175, 176
Figueroa, Leonardo de, 58, 149, 150
Figueroa, Luis, 64
Figueroa, Sebastián, 130
Ford, Richard, 47
Foro romano, 142
Franco, Miguel, 219
Fuente Chica, 46
Fuente de los Leones, 37, 46, 70
Fuente pública, 45
Fuente, Fray Vicente de la, 142

Gaínza, Martín de, 223
Gaitán, Pedro, 70

Gallego, Antón, 210
Gámez, Fernando, 68
García, Alonso, 176
García, José, 219
García de Santiago, Manuel, 178, 223
García de la Cruz, Diego, 186, 188
García, Martín, 166
García Pérez, 47
Gargallo, 122, 219
Gatica, Juan Luís, 151, 186
Gibaja, Rodrigo de, 210
Ginés, Gaspar, 63
Gómez, Francisco, 210
Gómez Septier, Francisco, 150
Góngora, Rodrigo de, 93
González, Cristóbal, 181
González de Mendoza, Pedro, 170
González Guisado, Manuel, 165
González, Juan, 93, 145
González, Sebastián, 186
Guadix, Cristóbal de, 224
Güelles, Miguel, 166
Guerrero, Luís, 148
Guisado, Juan, 186
Guisado, Pedro, 186
Guisado, Tomás, 61, 72, 176, 203, 219
Gutiérrez Padilla, Juan, 181
Gutiérrez de Hinestrosa, Ruy, 40
Gutiérrez, Juan Simón, 208
Gutiérrez, Juan, 145

Haya, Luís de la, 166
Hermanas de la Cruz, 165
Hernández, Alonso, 133
Hernández, Jerónimo, 148
Hita y Castillo, Benito de, 64, 165, 206, 219
Honsthort, Gerardo de, 196
Hospital de la Misericordia y Caridad, **83 [11-C]**, 194, *195-198*
 - altar de la visitación, 195
 - capilla del cristo de la Misericordia, 196
 - claustro, 198
 - iglesia, 195
 - patio principal, 197-198
 - presbiterio, 195
 - sacristía, 196, 198
 - sala de juntas, 196-197
Hospital de san Pedro, **2 [5-E]**, *69*
Hoyos y Escamilla, Pedro de, 42, 148
Humilladero de la Sedía, **21 [8-A]**, *102*
Hytasa, 53

Ibrahim b. Hayyay, 39
Iglesia de san Teodomiro. *Véase*: Colegio de san Teodomiro.

Iglesia de san Bartolomé, **30 [7-E]**, 32, 36 (*collación*), 38, 63, *116-123*
- capilla de Jesús nazareno, 116, 119
- dosel de la esclavitud de los Dolores, 118
- presbiterio, 118
- retablo de la divina Pastora, 120
- retablo de la virgen de los Dolores, 119
- retablo de las Ánimas, 117
- retablo mayor, 116
- tabernáculo de la Inmaculada Concepción, 117
- tabernáculo de san Isidro labrador, 118
- torre-fachada, 116, 117

Iglesia de san Blas, **25 [8-B]**, 32 *(collación)*, 35, 36, 38, *103-106*, 122
- altar de san Ignacio, 105
- altar de san José, 105
- altar de san Luis Gonzaga, 105
- altar mayor, 104
- capilla de Fernando Caro, 104, 105, 106
- coro, 105
- cripta de la familia Berrugo, 104
- hornacina de la virgen de Gracia, 105
- retablo de la virgen del Rosario, 105
- sacristía, 104, 106
- sagrario, 105
- tabernáculo de la Dolorosa, 105
- torre-fachada, 103

Iglesia de san Felipe, **54 [10-E]**, 35, 38, 118, 122, *161-165*
- baptisterio, 164
- campanario, 162
- cancel, 165
- mezquita, 161
- retablo de la Encarnación, 165
- retablo de san José, 164
- retablo mayor, 161, 162

Iglesia de san Mateo, **58 [11-F]**, 36 *(parroquia)*, 36 *(ermita)*, 52, *166*
- altar de cristo del Consuelo, 166
- altar de la Magdalena, 166
- presbiterio, 166

Iglesia de san Pedro, **1 [6-E]**, 36, 37 *(parroquia)*, 38, 45, 52, 53, *58-69*, 188
- altar de san José, 61, 69
- altar de san Luis Gonzaga, 63
- altar de santa Filomena, 63
- altar del cristo yacente, 63
- altar del señor cautivo, 61
- altar mayor, 60, 62
- baldaquino, 60
- baptisterio, 61
- capilla de Animas, 61
- capilla de la Merced, 58-59, 63
- capilla del beato Juan Grande, 60, 63

- capilla Sacramental, 58, 64-65, 66
- cúpula, 65
- hornacina de san Cayetano, 64
- hornacina de san Francisco de Paula, 64
- hornacina de san Juan Nepomuceno, 64
- hornacina de santa Bárbara, 64
- órgano, 63
- pila bautismal del beato Juan Grande, 64
- portada retablo del apoteosis del santísimo sacramento, 64, 65
- presbiterio, 60
- púlpito, 66
- repisones de san Joaquín y santa Ana, 64
- retablo de Jesús de la Humildad y Paciencia, 63
- retablo de la Inmaculada, 64, 65
- retablo de la virgen del Rosario, 61
- retablo de nuestra señora de la Antigua, 66
- retablo de san Juan Bautista, 64, 65
- retablo de san Teodomiro, 64, 65
- retablo del crucificado de Animas, 64
- sacristía, 61, 66, 68
- sagrario. *Véase:* Capilla Sacramental.
- sillería, 66
- tabernáculo de la virgen de la Antigua, 66
- torre, 58-59

Iglesia de Santiago, **64 [11-C]**, 35, 38, *173-178*, 230
- altar de san José, 178
- baptisterio, 177
- capilla de Jesús nazareno, 175
- camarín de la virgen de Belén, 175
- capilla de Jesús nazareno, 177
- coro, 177
- retablo de Jesús atado a la columna, 178
- retablo de la virgen de Belén, 177
- retablo mayor, 175, 176
- sacristía, 178
- sagrario, 176
- torre, 173, 174, 176

Iglesia del Salvador, **44 [9-D]**, 38, 46, 52, *148-154*, 217, 228, 230
- altar de san Juan Nepomuceno, 152
- ático, 149
- cripta de los marqueses del Saltillo, 151
- cripta de los Romera, 152
- cúpula, 149
- retablo de la virgen de los servitas, 152
- retablo mayor, 152, 153
- sacristía, 151, 153
- torre, 151

Iglesia prioral de santa María de Gracia, **87 [10-C]**, 32, 35, 38, 40, 41, 52, 145, 154, 170, 178, *209-231*

- antesacristía, 210, 225
- baptisterio, 219
- caledario litúrgico, 35, 209
- camarín de la virgen de Gracia, 216, 217
- capilla de la virgen de la Paz, 223
- capilla de los Apóstoles, 209
- capilla de nuestra señora de Belén, 219
- capilla de san José, 223, 224
- capilla del cristo de los Martirios, 217-219, 220
- capilla del nacimiento. *Véase*: Capilla de la Encarnación.
- capilla de la Encarnación, 222
- capilla del sagrado corazón, 210, 223
- capilla mayor, 217
- capilla sacramental, 210
- coro, 210, 220, 221
- mezquita mayor, 209
- patio de los naranjos, 35, 209, 215
- políptico de santo Tomás, 223, 224
- presbiterio alto, 215
- prestamera. *Véase*: Capilla de la virgen de la Paz.
- puerta del Sol, 210
- retablo de la santa cena, 209
- retablo de la virgen de la Antigua, 224, 225
- retablo de san Bartolomé, 223, 224
- retablo de santa Marina, 219, 221
- retablo principal, 214-216
- sacristía, 210, 226
- sagrario, 210, 217, 219
- sillería, 220-221
- tabernáculo de la Asunción, 219
- tabernáculo de san Francisco de Borja, 222
- tabernáculo de san Juan Nepomuceno, 217
- tesoro, 226
- torre, 210, 211

Judería, 103, 107

Kempis, Tomás de, 130

Lara, Ana María de, 129
Lasso de la Vega, Fray Juan, 71-72, 94
Lasso Santillán, Antonio, 94
López Bueno, Diego, 63
López Navarro, Simón, 122
López, Antonio, 153
López, Bartolomé, 221
López, Martín, 177
Lucio Junio, 147
Luna, Antonio, 122

Maeda, Asencio de, 181
Maestre, José, 152, 186
Maestro Curro. *Véase*: Ruiz, Francisco.
Mañara, Miguel de, 195
Marmolejo, María, 188
Marqueses de las Torres y la Pressa, 217
Marruecos, sitio de, 36
Martín Alcaide, Miguel, 145
Martín, Antón, 166
Martín Castellanos, Andrés, 219
Martín García, 162
Martín Silvestre, Blas, 63
Martín Tamariz, Juan, 40
Martínez Cárdeno y Carvallar, Martín Juan, 222
Martínez, Domingo, 63
Matadero, **3 [7-F]**, 37, 45, *69-70*
Matahacas, 53
Mateos Castaño, Juan, 96
Matienzo, Juan de, 210
Medinilla, José Fernando, 116
Mejía, Juan José, 230
Melgarejo, Concepción, 105
Méndez de Sotomayor, Leonís, 170
Mercadante de Bretaña, Lorenzo, 178, 225
Merino, Antonio, 40
Mesón de la Reja, **15 [5-D]**, *95*
Mezquita, 35, 180, 209
Miguel Angel, 150
Milla, Alonso de la, 191
Milla, Isabel de la, 228
Millán, Pedro, 225
Miranda, Juan A. de, 124
Molino de Marruecos, **20 [8-A]**, *98*
Molino de la Romera, **56 [10-E]**, *165*
Molino del Gato, 40
Monasterio de Lupiana, 170
Monasterio de Madre de Dios. *Véase*: Convento de Madre de Dios.
Monasterio de la santa Caridad. *Véase*: Hospital de la santa Caridad.
Monasterio de santa Catalina de Siena. *Véase*: Plaza de Abastos.
Monasterio de santa Clara. *Véase*: Convento de santa Clara.
Monasterio de santa María de Gracia, **59 [13-G]**, 37, 92, *169-172*
 - altar del cristo del Consuelo, 166
 - altar de la Magdalena, 166
Monte Garrido, 156
Montero, José, 69
Montes de Oca, 61, 63, 164
Morales, Ana de, 40
Morales, Pedro de, 204

Moreno, José Enrique, 51, 95
Moya, Pedro de, 198
Muñoz, Juan, 148
Murallas, calle Bohiguilla, **26 [8-B]**, *105-107*
Murallas del Barranquillo, **62 [12-C]**, *173*
Murallas del Mirador, **66 [11-F]**, *180*
Murallas del Picacho y san Mateo, **57 [10-F]**, *165*
Murillo, (Bartolomé Esteban), 117, 119, 153, 222, 223

Necrópolis romana, **9 [2-D]**, 31, 52, *81-91*
- mausoleos circulares, 82, 83
- museo, 52, 82
- tumba de la Moneda de Vespasiano, 84
- tumba de las Cuatro columnas, 84
- tumba de las Guirnaldas, 84
- tumba de Postumio, 84
- tumba de Prepusa, 84
- tumba de Servilia, 32, 84-86
- tumba del Elefante, 32, 86, 88-91

Ocampo, Francisco de, 63, 78, 119
Ojeda, de Bartolomé, 40
Onibense, Nuncio, 119
Ortega, Cristóbal de, 230
Ortega, Luis de, 92
Ortega, Nufro de, 210, 215
Otamendi, Julián, 51, 95
Ovalle, Alvaro de, 225
Oviedo, Juan de, 225

Pacheco Barasa, Gonzalo, 162
Pacheco, Beatriz duquesa de Arcos, 195, 204
Pacheco, Fernando, 177
Palenque. *Véase*: Plaza del Palenque.
Parador nacional del Rey don Pedro. *Véase:* Alcázar de Arriba.
Paseo de san Antón, 52, 78
Paseo del príncipe de Vergara, 49, 51
Pedreño, Antonia, 135
Peña, Bartolomé de la, 228
Peña, Francisco de la, 176
Perea, Aguntín, 152
Pérez Sarabia, Marcos, 178
Pérez Sollero, Manuel, 164
Pérez de Barradas, Ángeles, 105
Pérez de Pineda, Francisco, 186
Pérez, Gonzalo, 47
Pérez, Hermenegildo, 186
Pérez, José, 66
Perrín, Miguel, 219
Picacho, 31, 32, 47
Piedra de Canta el Gallo, 92
Pineda, Barnardo Simón de, 98, 176

Plaza de Abajo, 32, 37, 43, 46, 47
Plaza de Abastos, **47 [9-E]**, 31, 37, 43, 46, *154-155*
Plaza de Arriba, **42 [8-D]**, 14, 32, 37, 38, 46, 47, 51, *139-143*
Plaza de la Constitución. *Véase*: Plaza de Arriba.
Plaza de san Fernando. *Véase*: Plaza de Arriba.
Plaza del Arrabal. *Véase*: Plaza de Abajo.
Plaza del Higueral, 102
Plaza del Mercado, 44
Plaza del Palenque, 35, 112
Plaza del Salvador. *Véase*: Plaza de Arriba.
Plaza del marqués de las Torres, 193, 205, 209
Plazoleta de san Francisco, 46
Plazuela de José Arpa, 36
Plazuela de Juan Fagúndez, 38
Plazuela de Lasso, 41
Plazuela de Santiago, 173
Plazuela de la Cilla de los Abades, 43
Plazuela de la Romera, 160
Plazuela de san Blas, 41
Plazuela de san José, 185
Plazuela de santa María, 41
Plazuela del Postigo, 107
Plazuela del Saltillo, 103
Ponce de León, Lope 175
Ponz, Antonio, 44
Portazgo *(carretera del)*, 172
Postigo y Barbacanas, **27 [7-C]**, 45, 106, *107*
Postumio. *Véase*: Necrópolis.
Puente, **60 [13-G]**, *172*
Puerta de Córdoba, **61 [12-C]**, 32, 42, 45, 52, 147, *172-173*
Puerta de Marchena, 38, 165, 169
Puerta de Morón, 31, 36, 165, 169
Puerta de Sevilla, **29 [6-E]**, 31, 32, 35,37,42, 43, 45, 47, 51, 53, 111, *112-115*
Puerta de la Sedía, 32, 35, 106, 165
Puerto, Antonio, 151

Quarésimo, Valentín, 119
Quemadero de san Francisco, barriada, 53
Quesada Vázquez, Manuel, 197, 226
Quesada, Augusto Manuel de, 121
Quintanilla, (familia), 42, 43, 224
Quintanilla y Briones, Carlota, 210, 219
Quintanilla y Briones, Dolores, 210, 219
Quintanilla, María de, 92
Quirós, Antonio, 150

Ramírez de Madrid, Francisco, 179
Ramírez, Andrés, 217
Ramírez, Pedro 223

Ramos, Emilio José, 51
Ramos, Cristóbal, 125
Ramos, Emilio, 95
Raso de santa Ana, 31
Riaño, Diego de, 210
Ribas, Felipe de, 200, 201
Roberts, David, 44-45
Rodríguez, Alonso, 128, 210
Rodríguez, Antonio, 217
Rodríguez Cabezas, Eduardo, *Dubois*, 48-49, 51, 113
Rodríguez del Olmo, Pedro, 221
Rodríguez Jaldón, 147
Rodríguez, Guiomar, *la Rafaela*, 40, 134
Roldán, Pedro, 152, 176
Roldán, María Francisca, 119
Romera (familia) 217
Romera, Juan de la, 39
Romero, Félix, 150
Romero, José Enrique, 95
Romero, María, 135
Romero, Pedro, 150, 151
Romero, Pedro (hijo), 150
Rovira, Eloisa, 178
Rubens, 75, 219, 226
Rueda (familia), 217
Rueda, Luis de, 192
Rueda y Vilches, Francisco Antonio de, 223
Rueda y Vilches, Antonio de, 223
Ruiz, Francisco, *maestro Curro*, 129, 131
Ruiz, Hernán, 174, 210
Ruiz, Juan, 166, 230

Salcedo, Beatriz de, 198
Salcedo, Teresa de, 198
Saltillo, marqués del, 41
San Teodomiro, 42, 61 *(relicario de)*, 69, 152, 178
Sánchez Albornoz, Claudio, 126
Sánchez Cobano, Nicolás, 98
Sánchez de Baeza, Lucía, 71, 78
Sánchez de Castro, Juan 224
Sánchez de Castro, Pedro, 162
Sánchez de la Cruz, Alonso, 148
Sánchez Falconete, Esteban, 181
Sánchez, Francisco, 162
Sanchez, Juan, 92
Sánchez, Pedro 143, 162
Santiago, Juan Arcadio de, 219
Santiago, Roque Jacinto, 198
Sassoferrato, 226
Seghers, Gerard, 119
Selada, Martín Alonso, 63
Servilia. *Véase*: Necrópolis.

Sesa, Alonso de, 162
Silvanus, C., 84
Silva, Beatriz de, 75
Soto, Jacinto de, 128
Soto, Sebastián, 66

Talavera, Antonio, 145
Tamariz (familia), 40, 217
Teatro Cerezo, **16 [5-E]**, 32, 51, 53, 95
Teatro romano, 31
Telégrafo óptico, 46-47, 50
Termas de Brenes, 82
Termas, 31
Terremoto de 1504, 39, 170, 179
Terremoto de Lisboa (1755), 44, 97, 142, 148, 165, 171, 179
Toro, Ramón del, 47, 155
Tovar, Alonso Miguel de, 221
Travesía, 37, 38, 41, 46, 47
Tren de la Vega, 50
Trocado, Cristóbal, 78
Tulio Aemilio, 147

Ubrique, (Cádiz), 148

Valdés Leal, Juan de, 202
Valdés, José, 60, 166
Valdés, Lucas, 151
Valencia, Juan de, 152
Valle, Francisco del, 176
Van Dyck, 226
Varrón, 32
Vázquez Pina, Bartolomé, 46
Vázquez el viejo, Juan Bautista, 47, 93, 215
Vázquez, Gonzalo 217
Vázquez, José, 178
Vega, Marina de la, 96
Venta la Liebre, 172
Via Augusta, **60 [13-G]**, 81, 82, 91, *172*
Vilches, Juan de, 223
Villalobos, Rodrigo, 97
Villarrosa, barriada, 53
Villegas, Pedro, 217
Virgen de Gracia, 43 *(invención)*, 53 *(barriada)*, 70, 74, 131, 169, 173, 191, 205, 206, 217, 219

Wingaerde, Anton Van den, 40
Wtewael, 121

Ximénez, Julián, 128

Zamora, Juan de, 217
Zurbarán, Francisco de, 128, 198, 224

ESTE LIBRO HA SIDO IMPRESO
EN LOS TALLERES DE **JUAN RODRIGUEZ OSUNA**,
MAESTRO IMPRESOR (Q.E.P.D.)
Y EN SU MEMORIA SE PUBLICA.
SU FORMA Y CONTENIDO
SON OBRA DEL DESINTERESADO ESFUERZO
DE SUS AUTORES Y EDITORES.
LA REVISION Y PUESTA AL DIA
DE BUENA PARTE DEL TEXTO SE DEBIERON
A **JOSE GARCIA RODRIGUEZ**.
Y HA SIDO COMPUESTO EN CARACTERES GARAMONDINOS,
DE LARGA Y RICA TRADICION TIPOGRAFICA,
SOBRE PAPEL PRESSCOL OFFSET PIGMENTADO
DE 112 gr./cm.^{2}, DE SARRIO, S. A.,

POR LOS ARTIFICES
**RAFAEL BARRERA OSUNA,
FRANCISCO CHAMORRO PEREZ,
GREGORIO JIMENEZ MARIÑO,
JOSE SANABRIA MARTOS
Y MIGUEL OJEDA PUERTO.**

SE TERMINO DE IMPRIMIR
EL DIA 2 DE ABRIL DE 1993,
SIENDO LA FESTIVIDAD DE SAN FRANCISCO DE PAULA.

LAUS LIBRIS

SICVT LVCIFER IN AVRORA
ITA IN VANDALIA CARMONA